El lenguaje del
TURISMO
y de las
RELACIONES
PUBLICAS

BLANCA AGUIRRE
CONSUELO HERNÁNDEZ

El lenguaje del TURISMO y de las RELACIONES PUBLICAS

SOCIEDAD GENERAL ESPAÑOLA DE LIBRERIA, S. A.

Colección: EL ESPAÑOL POR ÁREAS
Dirigida por: Aquilino Sánchez Pérez

Primera edición, 1985
Segunda edición, 1986
Tercera edición, 1988
Cuarta edición, 1989
Quinta edición, 1990
Sexta edición, 1991

Produce: SGEL - Educación
Marqués de Valdeiglesias, 5. - 28004 MADRID

Depósito Legal: M. 16.235-1991
I.S.B.N.: 84-7143-301-X
Printed in Spain - Impreso en España

Compone: RAÍZ, S. A.
Imprime: NUEVA IMPRENTA, S. A.
Encuaderna: F. MÉNDEZ

presentación

El nuevo título de la colección "El Español por Áreas" está dedicado a El Lenguaje del Turismo y de las Relaciones Públicas.

Siguiendo el esquema de la colección, los textos que se presentan son originales o adaptados (obras, artículos de revistas o periódicos especializados) e igualmente se incluye la reproducción de material y documentos auténticos con el fin de conseguir una familiarización con los procedimientos más usuales en el mundo del Turismo y de las Relaciones Públicas.

La adquisición del vocabulario específico se hace mediante explicitaciones, bien señaladas en negrita en el texto —en cuyo caso podrán consultarse en el Glosario Especializado del final del libro (en inglés, francés y alemán)— bien en palabras en cursiva cuya explicación aparece en la columna de la derecha o de la izquierda de la misma página y en líneas correlativas.

Todo ello se completa con varios y diversos ejercicios con técnicas de comprensión, lectura, redacción, adquisición de vocabulario y algunos ejercicios de carácter práctico que nos ha parecido conveniente dado el objetivo que nos proponíamos.

También se ha tenido en cuenta, a la hora de estructurar este volumen, el programa de la Cámara Oficial de Comercio de España en Francia para la obtención del Diploma Opción Turismo y Relaciones Públicas.

Igualmente, hemos considerado conveniente incluir un apartado de siglas y abreviaturas más comunes en este sector.

Desearíamos hacer constar nuestro agradecimiento a todas aquellas personas, entidades y organismos que nos han prestado su ayuda en lo que respecta al material que aparece recopilado en este libro.

1. EL TURISMO EN GENERAL

1.1. Organigrama del Ministerio de Transportes, Turismo y Comunicaciones

TRANSPORTES, TURISMO
Y COMUNICACIONES

MINISTRO	
SUBSECRETARÍA	SECRETARÍA GENERAL DE TURISMO
SECRETARÍA GENERAL TÉCNICA	DIRECCIÓN GENERAL DE EMPRESAS Y ACTIVIDADES TURÍSTICAS
DIRECCIÓN GENERAL DE SERVICIOS	DIRECCIÓN GENERAL DE PROMOCIÓN DEL TURISMO
DIRECCIÓN GENERAL DE CORREOS Y TELECOMUNICACIÓN	
DIRECCIÓN GENERAL DE TRANSPORTES TERRESTRES	DIRECCIÓN GENERAL DE AVIACIÓN CIVIL
DIRECCIÓN GENERAL DE INFRAESTRUCTURA DEL TRANSPORTE	
DIRECCIÓN GENERAL DE LA MARINA MERCANTE	

DIRECCIÓN GENERAL DE EMPRESAS Y ACTIVIDADES TURÍSTICAS

MINISTRO
- SECRETARIO DE ESTADO DE TURISMO
- DIRECTOR GENERAL DE EMPRESAS Y ACTIVIDADES TURISTICAS
  - SDG de Infraestructura Turística
  - SDG de Empresas y Actividades Turísticas
    - Servicio de Empresas Turísticas
    - Servicio de Actividades Turísticas
  - Servicio de Formación y Profesiones Turísticas
  - COMISIÓN ESPECIAL DE CRÉDITO TURÍSTICO
  - [OA] ADMINISTRACIÓN TURÍSTICA ESPAÑOLA
  - [OA] ESCUELA OFICIAL DE TURISMO

1.2. Un poco de historia

derecho de hacer una propuesta y acto de ejecutarla

La actividad turística puede surgir por iniciativa privada o por *iniciativa* estatal. En España comenzó por una iniciativa de la Administración. Siendo Ministro de Fomento el Conde de Romanones se crea la Comisión Nacional para el **Fomento** del Turismo mediante el Real Decreto de 6 de octubre de 1905. A partir de esa fecha, paralelamente a la iniciativa estatal, se fueron creando Centros de Iniciativas y Turis-

colectividades o corporaciones consideradas como unidades

mo, que son *entidades* más o menos privadas cuyo objeto es promocionar el turismo.

La Comisión será sustituida por la **Comisaría** Regia del Turismo el 19 de julio de 1911. Dicha Comisaría organizó **museos** y centros de atracción turística, como la Casa del Greco en Toledo, la Institución Cervantina en Valladolid y el museo Romántico en Madrid. Su objetivo era abrir al turismo las maravillas del **paisaje** español, la **caza** y la **pesca**, etc. *Precisamente* con ese objeto se proyecta en 1926 la construcción del **Parador** Nacional de Gredos, en la sierra cercana a Madrid. Este Parador iniciaría la serie de los que, en la actualidad, *componen* la Red Nacional de Paradores y **Albergues** Nacionales.

de manera precisa, con determinación. Necesaria o indispensablemente

forman un todo con partes de una misma cosa

La Comisaría comenzó a publicar **folletos** con **itinerarios** que *divulgasen* lo más ampliamente posible las posibilidades que tenía España desde el punto de vista turístico: sitios *pintorescos,* **balnearios, estaciones de altura,** etc. Este organismo turístico quedaría *remodelado* en 1928, con motivo de la **Exposición** Internacional de Barcelona y la del Mundo iberoamericano de Sevilla, transformándose en el **Patronato** Nacional de Turismo. Este Patronato estaba compuesto por un Presidente, tres *Delegados* generales —**Viajes, Arte** y **Propaganda**— y seis Subdelegados para cada una de las *zonas* en las que se dividió el territorio español. Era un organismo autónomo que disponía de fondos propios procedentes del Seguro Obligatorio de Viajeros, por lo cual pudo llevar a cabo una *labor* fructífera e importante, como la inauguración de **Oficinas de Turismo,** Albergues, *publicaciones* en distintos idiomas y las normas que regulaban las actividades de los **guías-intérpretes.**

difundieron, propagaran

aplícase a sitios de aspecto agradable o digno de ser pintado
nuevamente ajustado según un modelo

se dice de la persona en quien se delega una facultad o jurisdicción. Delegar: conferir a una persona su representación
área, partes

trabajo
acción y efecto de publicar: reproducir por medio de la imprenta u otro procedimiento de reproducción un escrito

En 1938 el Patronato pasó a denominarse **Servicio Nacional de Turismo** y en 1939 volvería a cambiar de nombre tomando el de **Dirección General** hasta la creación del Ministerio de Información y Turismo (MIT) el 18 de julio de 1951. Este Ministerio *regulaba* las actividades de prensa, imprenta, cultura popular, teatro, espectáculos, cinematografía, radio, televisión, publicidad y turismo. Ante la remodelación de la Administración, *fue suprimido* unos años después.

media, ajustaba o concertaba una cosa según ciertas reglas

fue omitido, cesado, hecho desaparecer, quitado

La Administración actual mantiene el **Ministerio de Transportes, Turismo y Comunicaciones,** cuya **Secretaría General de Turismo,** a través de sus Direcciones Generales de Empresas y Actividades Turísticas de *Promoción* del Turismo, tiene la tarea de fomentar el turismo interior, la promoción de España como país turístico, las relaciones con organismos in-

acción y efecto de promover: procurar el adelantamiento o consecución de una cosa

Parador de Gredos.

enmendar lo errado o imperfecto

aumentar, hacer crecer o mejorar una cosa

ternacionales, la coordinación de las Oficinas Nacionales de Turismo en el extranjero, *corregir* las carencias de infraestructura u otras deficiencias en zonas turísticas, así como *desarrollar* nuevas zonas de interés turístico, la regulación de la industria hotelera, de los **campamentos** de turismo, establecimientos extrahoteleros, como restaurantes, cafeterías, agencias de viaje y otras actividades turístico-informativas, el **seguro turístico...**

De la Secretaría dependen también el servicio público de **Exposiciones, Congresos y Convenciones** (ECCE), cuya misión es la promoción del país como *sede* de congresos y reuniones internacionales, la Comisión especial de Crédito Turístico y la **Escuela Oficial de Turismo.**

lugar en que reside o tiene su domicilio una sociedad industrial, económica...

• Indique si las siguientes frases son verdaderas o falsas ateniéndose a la información obtenida de la lectura del texto:

— La actividad turística puede surgir por iniciativa privada o estatal.
— En España comenzó por una iniciativa privada.
— En 1926 se proyectó la construcción del Parador Nacional de Gredos, uno más de la serie de los que en la actualidad componen la Red Nacional de Paradores y Albergues.
— El Patronato Nacional de Turismo estaba compuesto por un presidente, tres delegados y tres subdelegados.

• Conteste las siguientes preguntas:

— ¿Qué depende de la Secretaría General de Turismo?
— ¿Cuál es la misión del servicio público de Exposiciones, Congresos y Convenciones?
— ¿Qué organismo se encargó de comenzar a publicar folletos con itinerarios que divulgaran las posibilidades que tenía España?

• Contraste lo que usted ha leído en este capítulo con lo que sabe o ha leído sobre su propio país.

— ¿Cómo empezaron las actividades turísticas en su país?
— ¿Partió de una iniciativa privada o estatal?
— ¿Existe algún tipo de establecimientos hoteleros comparables a los Paradores y Albergues Nacionales españoles?
— Si es así: ¿En qué se diferencian y en qué se asemejan?

1.3. Madrid, sede de la OMT

España, país que recibe más de cuarenta y dos millones de turistas al año, ha sido *elegida* por la **Organización Mundial de Turismo** para *instalar* su sede en ella, en Madrid.

Tras la desaparición de la **Unión Internacional de Organismos de Turismo** (UIOOT), fundada en La Haya en 1925, este organismo técnico de carácter intergubernamental, *constituido* el 2 de enero de 1975, goza de un **estatuto** especial en el sistema de las Naciones Unidas y es una agencia de *ejecución* del **Programa de las Naciones Unidas para el Desarrollo** (PNUD). El objetivo de este organismo es *conseguir* que todas las capas de la población beneficiarias de la medida social de las vacaciones pagadas puedan tener *acceso* a las vacaciones y a los viajes, y para ello los Estados han de facilitar la creación de las estructuras colectivas con vistas a las actividades de recreo.

Asimismo, *proporciona* a sus Estados miembros, 105 en la actualidad, y a sus miembros afiliados, 170, datos estadísticos, organiza reuniones técnicas, seminarios y actividades de formación profesional, ofreciendo a sus miembros un foro permanente de consulta, de negociación y de *adopción* de decisiones en lo que respecta a los problemas del turismo.

La OMT tiene miembros de tres categorías:

— Miembros efectivos: son los Estados soberanos pertenecientes a la Organización.

— Miembros asociados: son territorios o grupos de territorios que no tienen la responsabilidad de sus relaciones exteriores, pero cuyo *ingreso* en la OMT ha sido aprobado por el Estado que ejerce esa responsabilidad.

— Miembros afiliados: son organismos internacionales con intereses especiales en el sector del turismo.

---

escogida, nombrada por elección
establecer

Después de

fundado, establecido

realización, acción de llevar a la práctica
lograr, obtener

acción de llegar o acercarse, entrada

Entrega o pone a disposición de uno lo que necesita

acción de adoptar: tomar una decisión reflexivamente

acción de ingresar: entrar (empezar a formar parte de una corporación)

11

Filipinas – Finlandia – Francia – Gabó
duras – Hungría – India – Indonesia –
e Libia – Jamaica – Japó Jordania –
o – Líbano asia – Ma
– Rep. Fe a Alto Vol
rein – Ban nin –
Congo o osta Rica –
r – Eg es Unidos –
pinas – ia – Gabón – (
as – Hung India – Indonesia – Irá
– Jamaica – Japón – Jordania – Kampucl
– Madagascar – Malasia – Malawi – Mal
Rep. Federal de Alemania – Alto Volta –
in – Bangladesh – Bélgica – Benin – Bo

2. FORMACIÓN PROFESIONAL

La aparición del turismo ha originado toda una serie de nuevas profesiones que antes o bien no existían o no habían alcanzado el *rango* de profesión especializada.

grado, clase, calidad

Dentro de la variedad que ofrece el mundo del turismo, en el campo laboral podemos distinguir dos grandes grupos:

realizan, desempeñan

a) Profesionales: que *llevan a cabo* funciones directivas, que han seguido estudios superiores o especializados, y están capacitados para ser directores de empresas turísticas, bien en el *ramo* de la hostelería, agencias de viaje, transportes, investigación y estudios de mercado, programación de planes de desarrollo...

cada una de las partes en que se considera dividida una industria, ciencia...

b) Otro sector, que ha *obtenido* una formación específica, como son los **animadores turísticos, guías-intérpretes, azafatas de congresos, de líneas aéreas, conserjes de hotel, gobernantas de piso, maîtres, monitores de esquí,** *facturistas* de agencias de viajes, **guías de montaña,** etc.

logrado, alcanzado

hacen la facturación de grupos

En España existen varios centros que *imparten* formación turística. Los estudios de **técnico** de **turismo** se *cursan* en escuelas dependientes del Estado, la Escuela Oficial de Turismo, o en centros privados, cuyos cursos están reconocidos por la Administración o tienen que ser *revalidados* en la Escuela Oficial, dependiente de la Secretaría de Estado de Turismo.

comunican, dan

se estudian asistiendo a un establecimiento de enseñanza

ratificados, confirmados, acción y efecto de dar de nuevo validez a una cosa

Asimismo existen cursos superiores de **Gerencia, Planificación** y otros temas turísticos (transportes, **hoteles, tour-operadores,** etc.), como los que organiza la UIOOT en Ginebra y el Centro Internacional de Estudios Superiores de Turismo en Turín, la Escuela de Hostelería de Lausana y la Universidad de Surrey.

En Hawai existe una Escuela de Dirección de la Industria Turística.

En 1969 se fundó AMFORT, **Asociación Mundial para la Formación Profesional Turística,** que tiene su sede en París.

┌─EJERCICIOS ─────────────────────

- **Indique si las siguientes frases son verdaderas o falsas:**

  - — **El Centro Internacional de Estudios Superiores de Turismo se encuentra en Hawai.**
  - — **Existen cursos superiores de Gerencia y Planificación.**
  - — **Los estudios de técnico de turismo se cursan en escuelas dependientes del Estado, pues están reconocidos por la Administración.**

- **Diga o escriba cuantos sinónimos pueda de:**

  - — **ha originado**
  - — **habían alcanzado**
  - — **ha obtenido**
  - — **existe (una escuela)**
  - — **laboral**

2.1. La Escuela Oficial de Turismo

Se creó en 1963 bajo la dependencia del Instituto de Estudios Turísticos, hoy Instituto Español de Turismo. Por un Real Decreto de 11 de noviembre de 1977 *se transformó* en Organismo Autónomo adscrito a la Dirección General de Empresas y Actividades Turísticas de la Secretaría de Estado de Turismo.

se convirtió, pasó a ser

Para ingresar en la Escuela *se requiere* el título de Bachiller o el de Formación Profesional de 2.º grado, rama Administrativa y Comercial o de Hostelería y Turismo, así como *realizar* un examen de ingreso.

se necesita, se tiene precisión de

hacer

Los *aspirantes* presentarán una instancia dirigida al Director de la Escuela en la que harán *constar:* nombre, apellidos, nacionalidad, número del *DNI*, domicilio, titulación que posee, mencionando el **idioma** del que desee examinarse, y una fotografía tamaño carnet.

persona que pretende o desea alguna cosa
incluir, contener en sí
Documento Nacional de Identidad

El Plan de Estudios consta de tres cursos:

PLAN DE ESTUDIOS

PRIMER CURSO	Horas semanales
Estructura del Mercado Turístico	3
Economía.............................	3
Matemáticas Financieras y Contabilidad I...	3
Introducción al Derecho	3
Idiomas	4
Geografía Turística	2

SEGUNDO CURSO

Economía de la Empresa	3
Contabilidad	3

15

	Horas semanales
Gestión de Personal (primer cuatrimestre) ...	3
Estadística (segundo cuatrimestre)........	3
Derecho administrativo (segundo cuatrimestre).	3
Derecho laboral (primer cuatrimestre)	3
Idiomas	4
Historia del Arte y la Cultura	2

TERCER CURSO

Gestión financiera (primer cuatrimestre). ...	3
Gestión de Producción (Técnicas turísticas) en alojamientos y Restauración	3
Gestión de Producción (Técnicas turísticas) en Agencias de Viajes...............	3
Técnicas Publicitarias y de Mercado.......	3
Derecho fiscal (segundo cuatrimestre)......	3
Idiomas	6

Como complemento del Plan se desarrollará un programa de clases prácticas y seminarios aprobado por la Dirección de la Escuela.

2.2. Informadores turísticos

La *denominación* de guía con la que antiguamente se designaba a las personas que acompañaban por los lugares montañosos de difícil acceso pasó a designar a las personas que por sus conocimientos de historia, geografía y arte pueden dar explicaciones a los turistas sobre los lugares que se visitan, adquiriendo así la consideración de profesión. *Posteriormente* se prefirió la denominación de *Informadores turísticos* para estos profesionales que se clasifican en grupos, dependiendo de la función que cumplan: **guía, guía-intérprete** y **correo.**

nombre o título con que se distinguen las personas y las cosas

después
profesionales de la información para turistas

Para poder *ejercer* cualquiera de estas especialidades es necesario *superar* los exámenes correspondientes y estar en posesión del título de bachillerato y, en el caso del correo, tener un título universitario.

practicar los actos propios de una profesión o empleo
aprobar, pasar

Los guías de turismo acompañan e informan, en las poblaciones que especifique su nombramiento, acerca de los monumentos y datos más sobresalientes de las mismas.

Los guías-intérpretes realizan una misión semejante a la de los anteriores, pero en los idiomas cuyo conocimiento acrediten.

Los correos de turismo ejercen sus actividades en todo el territorio nacional, pudiendo dar explicaciones en las localidades cuando no se encuentre guía. Su labor fundamental es la de asistencia y representación.

entrega o servicio exigido por una autoridad o a consecuencia de un pacto o contrato determinadas, establecidas

La *prestación* de estos servicios da derecho a percibir las correspondientes **dietas,** cuyas tarifas quedan *fijadas* oficialmente.

recibir, cobrar

aumento de las tarifas establecidas que han de percibirse por determinados servicios

juicio o discernimiento

Los **honorarios** de los correos son de fijación libre y además tienen derecho a *percibir* los gastos de transporte, manutención y alojamiento en los mismos establecimientos que los clientes, entrada gratis a los museos y cobrar un 50 por 100 de *recargo* si el servicio es nocturno. Entre sus deberes están los de atender y resolver los problemas que pueden surgir con los miembros del grupo al que va acompañando, informar con objetividad y seleccionar los **itinerarios** en el interior de las poblaciones con *criterio* turístico y no mercantil.

┌─ **EJERCICIOS** ──────────────────────────

- **Conteste las siguientes preguntas:**

    — **¿Qué clasificación se puede hacer de los informadores turísticos, dependiendo de la función que cumplan?**
    — **¿Qué requisitos son imprescindibles para optar a cualquiera de estas especialidades?**
    — **¿A qué da derecho la prestación de estos servicios?**
    — **¿Cuáles son sus deberes?**

- **Dé usted sinónimos de las siguientes palabras:**

    — **designaba**   — **dependiendo de**
    — **acompañaba**   — **ejercer**
    — **acceso**   — **realizan**
    — **lugares**

- **Dé palabras de la misma raíz:**

  — prestación   — informar
  — percibir   — exposiciones
  — cobrar   — preciso
  — atender

2.3. Otros servicios

En la organización de *actos* oficiales, técnicos y sociales, como pueden ser **congresos, ferias, exposiciones,** encuentros, etc., es preciso *recurrir* a otros profesionales.

hecho público

acudir a

Servicio de Traducciones:
Pesetas según idioma y texto

Servicio de Interpretación:
Simultánea y consecutiva

se dice de lo que se hace u ocurre al mismo tiempo que otra cosa

Azafatas:
Debidamente uniformadas, *aseguradas,* bilingües, trilingües...

persona que ha contraído un seguro: contrato por el que una persona, natural o jurídica, se obliga a resarcir pérdidas o daños que ocurran a otra

Jefa de grupo, por día.
Azafata, por día.

Transcripciones de Cintas Magnetofónicas:
Grabación en español, una hora.
Grabación en inglés, francés, alemán, portugués, italiano, una hora.
Otros, una hora.

Servicio de Secretarias:

Secretarias bilingües e intérpretes, por día.
Mecanógrafas, por hora (mínimo dos horas).
Traducciones por telex.

┌─ **EJERCICIO** ──────────────

- **Escriba o hable de las similitudes y diferencias que encuentre al comparar el sistema estudiado en este capítulo con el de su país.**

3. LA INDUSTRIA DEL TURISMO

3.1. Orígenes

empieza, se inicia

El fenómeno del turismo *comienza* en Inglaterra en el siglo XIX, cuando un hombre, ebanista de profesión, Tomas Cook, prepara en 1841 el primer viaje organizado. Tuvo tanto éxito que continuó organizando otros, para *asistir* a la Exposición Internacional de París, a Oriente Medio, a la India... e incluso organizó una vuelta al mundo en 222 días, dando lugar a la creación de las **agencias de viaje**.

estar presente

ejercieron predominio en el ánimo

Por supuesto, muchos factores *influyeron* en este éxito: la novela de Julio Verne "La vuelta al mundo en 80 días", que despertaría la pasión por viajar, el espíritu de empresa de la sociedad victoriana, el ferrocarril, el barco de vapor, etc.

hecha una cosa a semejanza de otra

La organización turística de T. Cook iba a ser pronto *imitada* en América, en 1861 se crea la American Express, y posteriormente sucede lo mismo en distintas ciudades europeas.

época o adelantamiento parcial en el desarrollo de una acción u obra
conjunto de los clientes de una persona, tienda u otro establecimiento
de 1933 en adelante

En esta *etapa* primitiva del turismo podemos ver también que, paralelamente, aparece la industria hotelera, representada por César Ritz, para una *clientela* burguesa minoritaria que tenía tiempo y suficiente dinero. *A partir de 1933* se confirma la ascensión del turismo, en parte gracias a las mejoras en el sector del transporte, pero es a partir del final de la segunda guerra mundial cuando el fenómeno alcanza su madurez.

acción y efecto de repercutir: trascender, causar efecto una cosa en otra
cantidad
recobrar, volver a poseer lo que antes se tenía

En un período de tiempo corto el turismo se presenta como un sector de la economía nacional con *repercusión* directa e inmediata sobre la economía en general, especialmente por la *cuantía* de las **divisas** que aporta el turismo extranjero que, además, es un medio de *recuperar* la moneda nacional exportada mediante

19

inversiones exteriores. Amén de otros efectos en el comercio exterior, tiene una especial *incidencia* en la balanza de pagos, repercutiendo en otros sectores como Obras Públicas (carreteras, **aeropuertos,** ferrocarriles), Construcción, Hostelería, **Artesanía** y **Espectáculos.**

que acaece o sobreviene en el curso de un asunto o negocio y tiene con él alguna conexión

---

EJERCICIO

- **Conteste las siguientes preguntas:**
  - **— ¿Dónde se originó el fenómeno del turismo?**
  - **— ¿Quién era Tomas Cook?**
  - **— ¿Cuándo tuvo lugar el primer viaje organizado?**
  - **— ¿Qué otros factores influyeron al éxito de este fenómeno?**
  - **— ¿Qué otra industria aparece en la primera etapa del turismo?**
  - **— ¿Por quién está representada?**

TOTAL DE ENTRADOS EN ESPAÑA PROCEDENTES DEL EXTRANJERO
(Cifras mensuales)

Mes	Año 1982	Año 1981	% variación 1982/1981	Diferencia de valores absolutos
Enero...............	1.956.108	1.808.151	8,2	147.957
Febrero.............	1.655.762	1.464.866	13,0	190.896
Marzo...............	2.000.711	1.748.698	14,4	252.013
Abril................	2.768.815	2.571.631	7,7	197.184
Mayo................	2.998.042	2.719.120	10,3	278.922
Junio................	3.791.947	3.315.464	14,4	476.483
Total	15.171.385	13.627.930	11,3	1.543.455
Julio		7.100.990		
Agosto		7.872.830		
Septiembre		4.568.445		
Octubre............		2.766.701		
Noviembre		1.869.674		
Diciembre..........		2.322.753		
Total general		40.129.323		

Estadística: "Noticiario Turístico", núm. 108.

3.2. La oferta y la demanda turística

propio, especial o priva-
tivo de cada persona
o cosa

Hasta ahora el marketing turístico ha dependido de la publicidad. Hay que tener en cuenta que se trata de un producto *peculiar* que, por una parte, requiere una fuerte inversión: **hoteles, autocares,** equipos deportivos y, por otra, que es un producto imposible de trasladar, puesto que se trata de una oferta de bienes naturales (como el paisaje, etc.), culturales (monumentos, museos...), turísticos (**gastronomía,** espectáculos, deportes...) y de servicios (comunicaciones, servicios sanitarios, agencias de viaje, **alquiler de coches,** instalaciones deportivas).

estar subordinado a una
persona o cosa

acción y efecto de medir

De todo ello va a *depender* la demanda turística, que suele ser fluctuante debido a múltiples factores (precios, calidad, clima, comodidades, moda...). De todas formas resulta difícil hacer una *medición* del caudal turístico y se ha recomendado el término de "visitante". Habitualmente lo que se registra son las

"llegadas" y **"salidas"** o **"pernoctaciones"** de turistas. Las llegadas y salidas se *registran* en las fronteras
y las pernoctaciones en los establecimientos hoteleros. Podemos hacer una clasificación:

apuntan, anotan

— Turistas de paso cuya estancia en el país es infe-
rior a 24 horas.

— Turistas de tránsito, por puertos marítimos o por
aeropuertos.

— Turistas nacionales.

— Turistas extranjeros.

— Turistas de corta *estancia* (menos de una semana).

— Turistas de estancia media, de temporada (de 15
días a dos meses).

cada uno de los días que
el turista permanece
en el país que visita

— Turistas semi-residentes (más de dos meses).

Para recoger los datos estadísticos en los países re-
ceptores se pueden emplear distintos sistemas:

● Ficha individual en la que figura la fecha del viaje,
categoría del viajero (visitante, en tránsito), razón del
viaje (negocios, turismo, familiar), sexo, clase ocupa-
da (1.ª, 2.ª, turista), nacionalidad.

Algunos países requieren otros datos:

● En las fronteras, que es el sistema que se emplea
en España.

● En el interior del país se basa en los establecimientos hoteleros.

● Mediante sondeos, **encuestas.**

FACTORES INFLUYENTES EN LA ELECCIÓN DE LAS VACACIONES	
	%
Estar en contacto con la Naturaleza............................	68
Buen clima y paisajes agradables...............................	64
Encontrarse con otras gentes.....................................	60
Conocer cosas diferentes, cambiar de ambientes................	60
Evadirse de lo cotidiano..	48
Posibilidad de tener tiempo para la familia......................	46
Lugar con playas limpias, campo limpio	41
Posibilidad de recorrer rutas de interés turístico	35
Posibilidad de distracción y desarrollo de aficiones	35

Las vacaciones principales son repetitivas en un 53 por 100, consecuencia en parte por el alojamiento que se utiliza.

El 35 por 100 —del 53 por 100— va al mismo lugar por tener una residencia secundaria, y otro 35 por 100 —del mismo porcentaje—, por encontrarse con familia y amigos.

(Encuesta realizada por el IET, Gabinete de Estudios Sociológicos. Publicada en "Noticiario Turístico", núm. 108.)

EJERCICIOS

- **Resuma en unas cincuenta palabras el contenido de este epígrafe.**

- **Complete las siguientes frases, de forma oral, con las preposiciones correctas:**

  — **El turismo, ... una parte requiere una fuerte inversión y, ... otra, es un producto difícil . . . . . . trasladar.**
  — **Se trata . . . . . . una oferta de bienes.**
  — **Se pueden emplear distintos sistemas . . . . . . recoger datos estadísticos.**
  — **La demanda turística va . . . . . . depender . . . . . . todo ello.**
  — **La demanda puede ser fluctuante debido . . . . . . diversos factores.**

- **Lea el texto una vez más haciendo los cambios pertinentes y empezando así:**

  Hasta ese momento el marketing turístico había dependido de la publicidad. Había que...

3.3. Promoción e información

acción y efecto de captar: atraer

La labor de *captación* y retención del turista se hace a través de la información, la publicidad y la propaganda.

ejecutan, llevan a cabo

Las **Oficinas de Información de Turismo** son las que *cumplen* primordialmente este objetivo; pueden ser estatales, provinciales y municipales.

por medio de

Mediante la publicidad y las campañas publicitarias se despierta el interés y luego hay que suministrar

idóneo, conveniente
realizada, efectuada

el *adecuado* cauce informativo. Existe una publicidad indirecta, *llevada a cabo* por los visitantes del país, y

23

una publicidad directa a través de los distintos medios de comunicación (radio, televisión, prensa), así como conferencias, exposiciones, etc., que constituyen un *abanico* de las posibilidades y recursos de un país, como es el caso de la **Expotur** de España, ferias (Fitur), **carteles, folletos,** películas, cassettes, videos, etc.

amplia gama

La captación de turistas debe quedar completada con la labor de *retención* y para ello hay que tener en cuenta la acción de vigilancia respecto a los servicios y trato personal que recibe el visitante, el fomento de las *inversiones* en instalaciones turísticas, así como las inversiones extranjeras, la acción posterior de relaciones públicas manteniendo el contacto con los clientes, organizando diversiones y entretenimientos (concursos de belleza, bailes, competiciones deportivas, etcétera), inversiones en las redes de comunicación.

acción y efecto de retener: conservar

acción y efecto de invertir: emplear los caudales, gastarlos en aplicaciones productivas

ESPAÑA

EJERCICIOS

- Conteste las siguientes preguntas:

  — ¿Qué cometido primordial desempeñan las Oficinas de Información de Turismo?
  — ¿Cuál es el papel de la publicidad y de las campañas publicitarias en todo esto?
  — ¿Qué hay que tener en cuenta para conseguir la retención de los visitantes?

- Diga usted palabras de la misma raíz que las que aquí aparecen:

  — acción
  — comunicación
  — conferencias
  — exposiciones
  — interés

4. LEGISLACIÓN TURÍSTICA

El Derecho Español *regula* los distintos aspectos de las actividades turísticas: La **Administración Turística Española,** el Instituto de Estudios Turísticos, la Escuela Oficial de Turismo, la Empresa Nacional de Turismo, los *créditos* para inversiones con fines turísticos, el Registro de Empresas y Actividades Turísticas, la industria hotelera y extrahotelera, las Agencias de Viajes, las actividades turístico-informativas, el Seguro Turístico, etc.

mide, ajusta o concierta una cosa según ciertas reglas

derecho que uno tiene a que otro le pague o entregue algo, por lo general dinero

El Estatuto Ordenador de Empresas y Actividades Turísticas Privadas con fecha 14 de enero 1965 desarrolla el contenido de la Ley 48/1963 sobre *competencias* en materia turística. Dicho estatuto en su artículo primero señala que *quedan sujetas al mismo* las Empresas y Actividades Turísticas Privadas.

conjunto de conocimientos que autorizan a uno para entender en determinada materia quedan bajo su competencia

Empresas Turísticas:

— Las de **hostelería.**

— Las de alojamientos turísticos de carácter no hotelero (campamentos, **apartamentos**).

— **Agencias de Viaje.**

— **Agencias de información turística.**

— Restaurantes y cafeterías.

En otras *secciones* se regula lo referente a titularidad y apertura, nombre y publicidad, dirección y personal, clientela, responsabilidad y *sanciones*.

cada una de las partes en se divide un todo

penas establecidas por la ley

En cuanto a las Actividades Turísticas, comprenden todas aquellas que, de una u otra manera, *impliquen* una relación, directa o indirecta, con el turismo o la prestación de un servicio al turista.

en lo referente a, en lo relativo a lleven consigo

- Haga un resumen de unas cincuenta palabras sobre la legislación turística en España.

- Dé la 3.ª persona singular y plural del presente de subjuntivo de:
  — comprender
  — regular
  — implicar
  — señalar
  — quedar

- Complete las frases siguientes con la preposición correcta:
  — ...... cuanto a las actividades turísticas.
  — La prestación ...... un servicio ...... el turista.
  — En otras secciones se regula lo referente ...... titularidad y apertura.
  — Competencias ...... materia turística.
  — Los créditos ...... inversiones ...... fines turísticos.

4.1. Empresas turísticas

Se pueden *considerar* muy variadas por su organización, los fines que se *proponen* y el tipo de servicios que prestan.

juzgar, estimar

determinan o hacen intención de ejecutar una cosa

Lo que las caracteriza es la clientela, formada por personas que, por encontrarse *transitoriamente* o temporalmente en un lugar, reciben el nombre de **turistas** o viajeros.

de manera transitoria: pasajera, temporal

Podemos *definir,* como se ha hecho, la Empresa Turística como "la unidad económica que tiene como finalidad la prestación de servicios al turismo mediante un conjunto permanente de medios adecuados y *ajustándose* a criterios económicos".

expresar o explicar con claridad y precisión el significado de una palabra o la naturaleza de una cosa

acomodándose una cosa a otra

Dentro de la variedad de empresas turísticas hay que destacar tres:

— Transportes.

— Agencias de Viajes.

— **Alojamientos.**

EJERCICIO

● **Conteste las siguientes preguntas:**

— **¿Qué caracteriza a las empresas turísticas?**
— **¿Cómo se puede definir la empresa turística?**
— **¿Cuáles destacaría de entre la gran variedad de empresas turísticas?**

5. MEDIOS DE TRANSPORTE

hay

han ayudado, apoyado, robustecido
hizo posible

empieza, se origina

extensión de un objeto en dirección determinada

excelencia, utilidad o conveniencia especial de alguna cosa

posesión de las cosas necesarias para vivir a gusto y con descanso. Buena disposición de las cosas que facilita su uso. Ventaja.

No se puede dudar de que *existe* una relación entre los medios de transporte y el turismo. Los primeros *han favorecido* la evolución del segundo, partiendo especialmente del ferrocarril, que *permitió* los largos viajes gracias a sus líneas continentales e internacionales. Así también sucedió con el barco, pasando después al automóvil, con lo que *se inicia* la posibilidad del desplazamiento individual, hasta llegar al avión, que da una nueva *dimensión* al turismo.

Se puede hacer la siguiente clasificación:

a) Ferroviarios: el transporte por **ferrocarril** tiene la *ventaja* de una mayor seguridad y exactitud de horarios e itinerarios.

- Líneas de ferrocarril de ancho normal y de vía estrecha (RENFE y FEVE).

- Lusitania Express (Madrid-Lisboa).

- Iberia Express (Madrid-París).

- Puerta del Sol (Madrid-París).

- Catalán Talgo (Barcelona-Génova).

- Talgo Barcelona-París.

b) Marítimos: el transporte marítimo ofrece *comodidad,* al ser alojamiento y transporte, pero tiene la desventaja de ser más lento. Tampoco hay que olvidar los cruceros de placer:

- Regulares.

- **Cruceros** marítimos.

Atendidos por la Cía. Trasmediterránea, la Cía. Trasatlántica, la Cía. Ibarra y la naviera Aznar.

c) Por **carretera:** el transporte por carretera permite una mayor *flexibilidad* de horarios e itinerarios.

- Servicios regulares.
- Servicios *discrecionales*.

d) **Aéreos:** el transporte aéreo ahorra tiempo, pero también los *pasajes* resultan más caros, si bien hay que recordar la posibilidad más económica de los vuelos "charter". Esta modalidad consiste en el *fletamiento* de un avión completo por parte de una empresa, que desea invitar a sus empleados o colaboradores, o por parte de una asociación con el fin de *trasladarse* a presenciar un acontecimiento deportivo, religioso, etc. (un partido de fútbol, el Año Santo). Hay también otro tipo de "charter", el "Inclusive Tour (IT)", fletado por un organizador profesional de viajes para ofrecerlo después a sus clientes, incluyendo, además del transporte, el *alojamiento* y los traslados del aeropuerto al hotel.

precio que se paga en los viajes marítimos o aéreos por el transporte de una o más personas
acción de fletar: alquilar una nave

llevar a una persona o cosa de un lugar a otro

acción y efecto de alojar: hospedar

— Regulares.
— Charter.

Las líneas aéreas de España son Iberia, Aviaco y Spantax.

- Señale las ventajas y los inconvenientes de cada uno de los medios de transporte.

- Confeccione un itinerario en el que utilice los cuatro medios de transporte, teniendo en cuenta horarios, etc.

5.1. Transporte ferroviario

sociedad mercantil o industrial que realiza negocios de cierta importancia

distancia entre dos puntos

sustituir una cosa utilizada por otra nueva

carril de hierro, raíl

señal fija o flotante que sirve de indicación o referencia

La Red Nacional de Ferrocarriles Españoles es la primera *empresa* del país en número de trabajadores, con 70.752 empleados fijos.

A finales de 1982, la *longitud* total de las líneas explotadas por RENFE era de 13.572 kilómetros, de los que 6.185 kilómetros son vía electrificada y 7.387 sin electrificar. Durante el pasado año se *renovaron* 156 kilómetros de *vía* y se pusieron en servicio 1.879 *balizas* de ASFA (anuncio de señales y frenado automático), en 833 kilómetros de línea.

Asimismo, se transformaron 159 **pasos a nivel**, de los que 49 se convirtieron en pasos superiores o inferiores.

RENFE cuenta con un total de 979 vehículos motores con **tracción** diesel y 971 vehículos motores con tracción eléctrica. El *parque* de material remolcado era de 1.505 coches para servicio comercial, 150 para servicio de RENFE, 471 coches particulares, 2.303 automotores y **remolques, 494 furgonetas,** 34.601 **vagones** comerciales y de RENFE y 10.495 vagones particulares.

conjunto de instrumentos, aparatos o materiales destinados a un servicio público

El tráfico de **viajeros** en 1982 ha sido de 14.703 millones de personas, con un incremento del 3,1 por 100 respecto a 1981. Viajaron en trenes de **largo recorrido** 9.151 millones de personas y otros 5.552 millones de viajeros lo fueron en **trenes** de **cercanías** y regionales. Con motivo de la visita del Papa a España, RENFE desarrolló un plan de transportes con un total de 70 trenes especiales que transportaron 56.000 viajeros. Asimismo, durante la celebración del **Cam-**

EVOLUCIÓN DEL TRÁFICO DE VIAJEROS
(Millones de viajeros/km)

	1979	1980	1981	1982
Largo recorrido	7.623	8.287	8.897	9.151
— Rápidos y expresos.....	5.660	5.940	6.332	6.593
— Talgo..................	796	938	1.024	1.106
— Ter y Taf..............	810	808	729	637
— Electrotrén	357	601	812	815
Cercanías y Región	5.048	5.240	5.364	5.552
Total	12.671	13.527	14.261	14.703

(Revista "Campaña," núm. 222.)

hicieron funcionar

asiento o trono de un prelado que ejerce jurisdicción. Capital de una diócesis

peonato **Mundial de Fútbol** se *pusieron en circulación* nueve trenes especiales y el tráfico entre ciudades *sedes* se incrementó en un 4 por 100 respecto al habitual en esas fechas. El tráfico de mercancías ascendió a 41.841 toneladas. Para la tracción de vehículos, pasajeros y mercancías, RENFE consumió 1.225 millones de Kwh y 180 millones de litros de gasóleo.

Los **ingresos** de RENFE en 1982 ascendieron a 162.616 millones de pesetas y los **gastos** a 204.674 millones. El **déficit** se cifró en 87.064 millones de pesetas.

la obligación que uno tiene de pagar algo en el propio país con moneda nacional

La compañía tiene previstas unas **inversiones** de 120.000 millones para el presente año. Todo ello, a pesar de la dificultad del endeudamiento externo de RENFE que en estos momentos suma los 1.650 millones de dólares, más otros 27.000 millones de pesetas referidos a *deuda interna*.

EJERCICIOS

- **Conteste las siguientes preguntas:**

  - **¿Cuál es la longitud total de las líneas explotadas por RENFE a finales de 1982?**
  - **¿Cuántos de esos kilómetros son vía electrificada y cuántos sin electrificar?**

• Marque con un círculo la contestación correcta:

— RENFE cuenta con un total de a)   70 vehículos motores con
tracción diesel
b) 979
c) 971
— El tráfico de viajeros en 1983 fue de a)   5.552 millones de
viajeros.
b)   1.225
c) 14.703
— Se transformaron a) 156 balizas
b) 150
c) 159

5.2. Transporte marítimo

La Compañía Trasmediterránea informa:

TARIFAS:

Los **precios** están referidos a pesetas y llevan incluidos los **impuestos** y seguros establecidos en esta
fecha. No está incluida en los mismos la *manutención*. A **bordo,** el **pasajero** *dispone de* diferentes servicios de **hostelería** de acuerdo con las características
de cada uno de los **buques.**

*acción y efecto de man-
tenerse
hace uso de*

SERVICIO DE CARGA:

Nuestros buques admiten el transporte de **carga** general y de toda clase de mercancías a **los fletes** autori-
zados por las tarifas oficiales. Deben ser ofrecidas para su **embarque** a nuestras Agencias en los puertos,
quienes facilitarán cuanta **información** se solicite.

SERVICIOS DE PASAJE:

1. Para el *despacho* de billetes y **reservas** de plazas pueden dirigirse a LOS CONSIGNATARIOS
DE LA COMPAÑIA TRASMEDITERRANEA
"AUCONA" (Alcalá, 63, o Pedro Muñoz Seca, 2.
28014 Madrid, teléfono: 431 07 00 —Sección pasajes—,
telex: 23189) o a cualquiera de sus **Delegaciones** y
Agencias. También pueden obtener toda clase de in-
formes, así como de reservas y billetes a través de las
Agencias de Viajes autorizadas.

*acción y efecto de despa-
char. Venta de bille-
tes*

2. Los niños de dos a siete años no cumplidos pagan *medio billete.*

3. La reserva puede hacerse con SEIS meses de *antelación.*

4. Al pedir la reserva de los pasajes ha de solicitarse también la del espacio para vehículos.

5. Para el transporte de animales domésticos debe proveerse del correspondiente **talón de embarque.** Está prohibido que puedan realizar el viaje en la **cámara** de los pasajeros; su acomodación en el buque se hará donde disponga el capitán de la nave. El pasajero deberá ir provisto de los certificados del animal doméstico previstos por las *autoridades sanitarias.*

6. En caso de que le interese **anular** o **aplazar** la utilización de su billete, puede hacerlo, con la pérdida sólo del 10 por 100, si se avisa antes de las cuarenta y ocho horas precedentes a la salida, y el 20 por 100 si se avisa dentro de las cuarenta y ocho horas. A este respecto le conviene leer las **condiciones generales** contenidas en los billetes expedidos.

35

7. Con cada *billete entero* se autoriza la **franquicia** de 60 kilogramos para equipaje, excepto en los buques tipo "Jet-Foil" que será de 14 kilogramos.

importe total que una persona ha de pagar por el pasaje

8. Le conviene solicitar las reservas de plaza con antelación.

9. Para los españoles que *acrediten* documentalmente su condición de *residentes* en las islas Canarias o Baleares, Ceuta o Melilla existe una Tarifa especial para los **trayectos** a o desde la Península.

prueben
que residen, viven, tienen su domicilio

Los precios de todos estos trayectos están editados en **folleto** aparte.

┌─ EJERCICIO ─────────────────────────────────────┐

● **Haz un resumen sobre la información obtenida en este epígrafe.**

└──┘

5.3. Transporte aéreo

Hora límite de aceptación al **vuelo.**—La hora límite de aceptación al vuelo es el tiempo límite de antelación a la hora programada de salida del vuelo (que se indica en el **cupón**), en el que el pasajero debe haber sido aceptado al vuelo, previa entrega por el transportista de la tarjeta de embarque, y haber **facturado** su **equipaje.**

término del tiempo concedido para la realización de alguna cosa

El transportista no incurre en responsabilidad por la no aceptación al vuelo de aquellos pasajeros que, en la hora límite señalada, no hayan cumplido con las *formalidades* de aceptación al vuelo y facturación de equipajes en los **mostradores de facturación** del transportista.

condiciones o requisitos que se han de observar

Los tiempos están calculados para permitir al transportista cumplir con todos los requisitos previos de despacho del avión.

LA HORA LÍMITE DE ACEPTACIÓN DE LOS PASAJEROS AL VUELO PARA TODOS LOS SERVICIOS *PRESTADOS* POR IBERIA EN TERRITORIO NACIONAL ES DE 30

ofrecidos

MINUTOS, EXCEPTO LOS DEL "PUENTE AÉREO" MA-
DRID-BARCELONA.

Aviso sobre **cancelación** de plazas.—Caso de tener su **plaza** debidamente reservada y por alguna cir-
cunstancia no pudiera hacer uso de ella, le rogamos
que, bien por teléfono, personalmente o a través de su
Agente, proceda a la cancelación de la misma. Con
ello facilitará el viaje a otro pasajero evitando que la
sanción o castigo   plaza salga vacía, así como la posible *penalización*
por no cancelar a tiempo su reserva.

A la llegada a puntos de **tránsito.**—Se ruega a los
señores pasajeros que a la llegada comprueben las reservas de su próxima **escala,** o del viaje de regreso, y
comuniquen su dirección temporal a fin de ser adverti-
dos de cualquier información que pudiera interesarles.

Franquicia de equipaje:

Primera clase: 30 kg.
Clase turista/económica: 20 kg.
Además de la franquicia de equipaje, los objetos si-
guientes pueden transportarse a título gratuito:
— Un abrigo o una capa.
— Un paraguas o un bastón.
— Una cámara fotográfica y/o unos gemelos.
— Un bolso de mano, de señora.
— Una cuna y alimentos para niño.
— Un paquete de lecturas para el viaje.
— Una silla plegable para inválido y/o un par de
muletas.
Los demás objetos deben facturarse.

Un abrigo o una capa

Un paraguas o un bastón

Una cámara fotográfi-
ca y/o unos gemelos

Un bolso de mano, de
señora

Una cuna y alimentos para niños

Un paquete de lecturas para
el viaje

Una silla plegable para inválido
y/o un par de muletas

LOS DEMAS OBJETOS DEBEN FACTURARSE

Artículos restringidos:

Los artículos que a continuación se relacionan no pueden ser transportados como equipaje sin el acuerdo y autorización del transportista:

— Gases comprimidos (inflamables, no inflamables y venenosos).

— Corrosivos (tales como ácidos, álcalis y pilas húmedas).

— Explosivos, municiones, fuegos artificiales y bengalas.

— Líquidos y sólidos inflamables (tales como combustibles para calentadores o encendedores, cerillas y artículos que sean fácilmente inflamables).

— Materias oxidantes (tales como polvos para blanquear y peróxidos).

— Venenos.

— Materiales radiactivos.

— Armas de fuego.

— Otros artículos restringidos (tales como mercurio, materiales magnéticos o materiales desagradables o irritantes).

Se pretende aumentar la cuota española en el mercado "charter"

Madrid. Vicente Clavero

La Administración española ha iniciado una serie de actuaciones *tendentes a mejorar* el grado de participación de las **compañías aéreas** nacionales en el mercado de vuelos "charter" (no regulares). El objetivo es que la **cuota**, actualmente cifrada en torno al 15 por 100, pase a ser del 40, con beneficio para las empresas Iberia, Spantax y Aviaco.

dirigidas, encaminadas a mejorar, con el fin de mejorar

El tráfico no regular de pasajeros tiene una gran importancia para España, por cuanto permite aumentar el negocio de las compañías aéreas, que sufren un volumen considerable de pérdidas. Pero, en su *vertiente internacional,* los vuelos "charter", además constituyen un soporte de la industria turística y una *fuente de ingresos* en divisas necesaria para el equilibrio de la **balanza de pagos.**

se refiere a los vuelos "charter" al exterior de España
de donde se obtiene una entrada de dinero

está en alza, pasa por una buena racha

detenido el curso de algo

El mercado de "charter" *vive un bueno momento,* pues creció el año pasado un 6 por 100, mientras que el de vuelos regulares permanecía *estancado.* Tal **coyuntura** ha animado a las autoridades españolas a emprender negociaciones con los organismos internacionales de **aviación civil,** con otros países y con los "tour operadores" interesados, para buscar fórmulas que aumenten la *participación* nacional en el negocio.

acción y efecto de participar: tener una parte de una cosa o tocarle algo de ella

Las tres compañías aéreas nacionales (Iberia, Aviaco y Spantax) tienen ahora una cuota próxima al 15 por 100 en el mercado de vuelos dirigidos al interior del país, y se considera que ese **porcentaje** es muy bajo, habida cuenta de las posibilidades existentes. Según informaron a "ABC" *fuentes oficiales,* se quiere llegar al 40 por 100, y ya se han dado pasos importantes respecto al Reino Unido y Alemania Federal, que *generan* la parte sustancial de pasajeros en visita a los centros turísticos españoles. Acaban de empezar los contactos con Austria e Irlanda.

portavoces del gobierno

causan, ocasionan

Por otra parte, el movimiento de pasajeros en los aeropuertos nacionales durante 1983 fue de 49,4 millones, un 1 por 100 superior al experimentado el año precedente. El tráfico internacional subió un 4 por 100, y el **doméstico** bajó un 2 por 100.

("ABC", 17-2-84.)

EJERCICIOS

Marque con un círculo la contestación correcta:

- **El mercado de "charter"** a) **vive un mal momento**
  b) **está estancado**
  c) **vive un buen momento**
- **Las tres compañías aéreas nacionales tienen ahora una cuota:**
  a) **próxima al 40 por 100**
  b) **próxima al 15 por 100**
  c) **próxima al 4 por 100**
- **El tráfico internacional en los aeropuertos nacionales subió en 1983:**
  a) **un 4 por 100**
  b) **un 1 por 100**
  c) **un 15 por 100**

- **Conteste las siguientes preguntas:**
  - ¿Por qué tiene el tráfico no regular de pasajeros una gran importancia para España?
  - ¿Qué hace pensar que el mercado "charter" está pasando una buena racha?

5.4. El Seguro de Viajeros

Este tipo de **seguro** se estableció en España por Real Decreto el 13 de octubre de 1928. Su finalidad es cubrir los *riesgos* que deriven de la utilización de los medios de transportes.

contingencia o proximidad de un daño que pueda ser objeto de seguro

Este seguro *ampara* a todas las personas que viajan por **líneas aéreas** nacionales, por determinadas **líneas marítimas** o que utilicen el servicio de viajeros por carretera (regulares o discrecionales), por **ferrocarril** y en coche. *Cubre* el riesgo de muerte y cualquier accidente que sufra el viajero, bien sea por choque, *vuelco*, **avería**, etc., y proporcionar toda clase de **prestaciones: asistencia sanitaria de urgencia e indemnización,** en el caso de que los daños sufridos no puedan ser *reparados*.

favorece, protege

procura una garantía contra cualquier responsabilidad, riesgo o perjuicio
acción y efecto de volcar: torcer, inclinar o invertir una cosa
enmendados, corregidos

Por lo que respecta a la prestación sanitaria, ésta consiste en atención médica, *quirúrgica* y *farmacéutica*.

relativo a la cirugía
perteneciente a la farmacia: ciencia que trata de la preparación y empleo de fármacos

Las indemnizaciones pueden ser por muerte, por **invalidez** total, parcial o temporal.

Además está el **Seguro Turístico,** establecido en *beneficio* de los extranjeros que visitan España, mediante el cual el turista extranjero *queda protegido* ante los riesgos que puedan afectarle durante su **estancia** en España.

utilidad, provecho
está amparado, defendido

Es una fórmula nueva y original, cuya *modalidad* consiste en ser:

modo de ser o manifestarse una cosa

— libre: su **contratación** depende de la voluntad del turista;

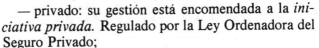

inicitiva: derecho de haber una propuesta. Acto de ejercerlo
privada: particular y personal

abarca

estén en

— privado: su gestión está encomendada a la *iniciativa privada.* Regulado por la Ley Ordenadora del Seguro Privado;

— combinado: *cubre* toda una serie de riesgos;

— limitado: sólo para turistas extranjeros, mientras *permanezcan* en territorio nacional. **Válido** durante un período de tiempo (ocho, quince o treinta días).

Se puede contratar privada o **colectivamente** y los riesgos que cubre son: enfermedades y asistencia sanitaria, accidentes individuales, defensa jurídica, *repatriación* de vehículos, **ocupantes** y **equipaje.**

acción y efecto de repatriar o repatriarse: hacer que uno regrese a su patria
moderadas, bajas

Las **tarifas** son muy *módicas* y si se contrata para un grupo compuesto por más de ocho personas se obtiene un 10 por 100 de **bonificación.**

EJERCICIO

- **Conteste las siguientes preguntas:**
  - **— ¿Quién o quiénes pueden favorecerse de este seguro?**
  - **— ¿Qué cubre dicho seguro?**
  - **— ¿Qué tipo de prestaciones proporciona?**
  - **— ¿En qué consiste la prestación sanitaria?**

6. AGENCIAS DE VIAJES

La **Agencia de Viajes** es la empresa turística *por excelencia,* ya que su campo de acción es muy amplio, sirviendo de *intermediaria* entre el turista y una serie de servicios que éste *requiera.*

por antonomasia

que media entre dos o más personas
necesite

Se calcula que un 75 por 100 de los **turistas** *confían* a las Agencias de Viajes la organización de sus vacaciones. La profesión de agente de viajes es bastante *compleja,* por lo tanto tiene que estar convenientemente regulada; *si bien* se da la paradoja de que en muchos países no hay regulación estatal en este campo.

encargan, ponen al cuidado

se dice de lo que se compone de elementos diversos
aunque

La legislación española regula el sector según la *O.M.* de 9 de agosto de 1974, quedando definida la Agencia de Viajes como la "Empresa que, constituida en forma de **Sociedad Mercantil,** ejerza actividades de mediación entre los **viajeros** y los *prestatarios* de los servicios utilizables por aquéllos, y *se hallen* en posesión del reglamentario **título-licencia** expedido por el **Ministerio de Información** y **Turismo** (hoy en día Secretaría de Turismo).

Orden Ministerial

que toman dinero a préstamo
se encuentran, estén

La primera Agencia de Turismo que se estableció en España lo hizo en Barcelona, Viajes Marsans, en 1910.

Hasta 1942 las agencias españolas *se caracterizaron* por ser sólo agencias **receptoras** del turismo extranjero.

se distinguieron

El 31 de diciembre de 1982 la Dirección General de **Promoción** del Turismo dio la siguiente relación de Agencias de Viajes:

Mayoristas........................	20
Grupo "A" (MM)...................	89
Grupo "A" (minorista)...............	695
Grupo "B"	12

Y sucursales:

Mayoristas	46
Grupo "A" (MM)....................	642
Grupo "A" (minorista)................	839
Dependencias auxiliares	58

en corporación

contorno de un espacio o lugar. Espacio comprendido dentro de un perímetro

reúne en grupo, apiña

En España las Agencias de Viajes están constituidas *corporativamente* en el "Grupo Nacional de Agencias de Viajes". De *ámbito* internacional está la Federación Internacional de Agencias de Viajes que *agrupa* Asociaciones Nacionales de distintos países europeos, africanos y asiáticos. En Iberoamérica está la COTAL (Confederación de Organizaciones Turísticas de la América Latina).

La SET participó en el "XXV Congreso de Agentes de Viajes Latino-Americanos"

tuvo parte en una cosa o le tocó algo de ella

La Secretaría de Estado de Turismo, a través de la Sección de Ferias y Exposiciones, *participó* en el "XXV Congreso de Agentes de Viajes Latino-Americanos" (COTAL), celebrado en Santo Domingo

(República Dominicana), entre los días 1 y 6 de junio del presente mes.

La participación consistió en un **stand** *instalado* en el *Trade Show* del congreso, de 40 metros cuadrados, que estuvo dedicado a la *promoción* del Camino de Santiago, con motivo del Año Jubilar Compostelano.

colocado, puesto
Feria Comercial
acción de promover: dar principio a una cosa o procurar su adelantamiento y consecución

Aparte de esta manifestación, durante la celebración del **congreso** funcionó una *Hospitality Suite* en el Hotel Meliá Dominicana, que estuvo abierta a todos los **congresistas** de COTAL, y que se vio visitada por gran número de ellos.

Salón de Recepción

Se calcula una asistencia por encima de 3.000 personas. Participaron todos los países del área americana más gran número de países europeos y asiáticos.

El director general de **Promoción** del Turismo, acompañado del subdirector general de **Comercialización,** estuvo presente en el "XXV Congreso COTAL", y tuvo ocasión de establecer contacto con periodistas y mundo del turismo.

("Noticiario Turístico", núm. 108.)

┌─**EJERCICIOS**────────────────────────────────

- **Conteste las siguientes preguntas:**

  — **¿Entre qué o quiénes sirve de intermediaria la Agencia de Viajes?**
  — **¿Cómo define la O.M. de 9 de agosto de 1974 la Agencia de Viajes?**
  — **¿Cuál fue la primera agencia de viajes establecida en España? ¿En dónde? ¿Recuerda el año en que se estableció?**

- **Indique si son verdaderas o falsas las siguientes afirmaciones:**

  — **En muchos países no hay regulación estatal sobre la profesión de agentes de viajes.**
  — **Las agencias de viajes siempre se han caracterizado por ser sólo agencias receptoras del turismo extranjero.**
  — **En diciembre de 1982 la Dirección General de Promoción del Turismo dio una relación de agencias de viaje.**

6.1. Clases de agencias

Existen tres tipos de agencias:

— Mayoristas.
— Agencias del Grupo "A".
— Agencias del Grupo "B".

término

Las Agencias Mayoristas son aquellas sin *límite* territorial; programan, organizan y realizan u operan toda clase de viajes **"a forfait"** que venden a través de otras agencias, no pudiendo ofrecer o vender su **producto** directamente al público.

abonar en cuenta

Tienen que estar en posesión de un título-licencia, depositar una **fianza** y *acreditar* un **capital.**

circunstancias o condiciones indispensables para una cosa
gastado, pagado

Las Agencias del Grupo "A", además de los *requisitos* establecidos para las Agencias Mayoristas, deberán tener un capital mínimo *desembolsado* de cuatro millones de pesetas. Con este capital pueden establecer hasta cuatro **sucursales.** Por cada nueva sucursal deben aumentar un millón de pesetas más.

se llama
situadas, localizadas

Las Agencias "A" pueden establecer **despachos** en **estaciones** de **ferrocarril** y en **puestos fronterizos,** así como en **vestíbulos de hotel,** siempre que estas "dependencias auxiliares" —que es como *se denomina* este tipo de oficinas— estén *ubicadas* en el mismo término municipal de la Central o de una de las sucursales de dicha Agencia.

Las Agencias del grupo "B" tienen que cumplir los requisitos anteriormente mencionados para las Agencias Mayoristas y del Grupo "A", así como tener desembolsado un capital mínimo de 800.000 pesetas y constituir una *fianza* de 300.000 pesetas.

prenda que da o deposita el contratante en seguridad del buen cumplimiento de su obligación
cuidar
que toman dinero a préstamo

Las agencias de viajes extranjeras pueden *atender* a sus **clientes** del exterior en España bien **contratando** directamente los servicios con los *prestatarios* de los mismos, hacerlo a través de las agencias españolas del Grupo "A" o estableciendo delegaciones.

que permanece
hallarse, estar

Para establecer una delegación *permanente* deberá tener una oficina abierta, *figurar* al frente de la misma una persona inscrita en el Registro de Empresas y Actividades Turísticas y depositar una fianza en la Caja General de Depósitos. Podrá atender solamente a los clientes enviados por su agencia.

Los turistas que visiten España utilizando la modalidad de "a forfait" podrán ir acompañados de un **guía-correo** extranjero, *si bien* deberán utilizar los servicios de los guías-**intérpretes** españoles durante su **estancia** en España.

pero, aunque

EJERCICIOS

- **Dé la primera persona del singular del presente de subjuntivo de:**

  — **ubicar**   — **poder**
  — **tener**   — **realizar**
  — **fiar**   — **ser**
  — **cumplir**   — **organizar**
  — **establecer**   — **clasificar**

- **Indique los sinónimos que recuerde de:**

  — **existen**
  — **límite**
  — **estar en posesión**
  — **denominar**
  — **ubicadas**

- **Escriba un resumen, que no sobrepase las cincuenta palabras, sobre los tres tipos de agencias y sus características.**

Estación de Ferrocarril de Chamartín - Madrid

ESTRUCTURA BÁSICA DE LAS AGENCIAS DE VIAJES ESPAÑOLAS			
	Mayoristas	Grupo "A"	Grupo "B"
Forma empresarial.	Sdad. Mercantil	Sdad. Mercantil	Sdad. Mercantil
Capital mínimo ... (desembolsado)	Diez millones de pesetas, hasta cuatro sucursales	Cuatro millones de pesetas, hasta cuatro sucursales	Ochocientas mil pesetas
Fianza	Cinco millones de pesetas	Un millón quinientas mil pesetas	Trescientas mil pesetas
Ambito geográfico de actuación...	Ilimitado	Ilimitado	Limitan la oferta de sus servicios a provincia donde están domiciliadas
Dependencias	Pueden establecerlas	Pueden establer sucursales	No pueden establecer sucursales ni dependencias de ninguna clase
Prestación de servicios	El ofrecimiento y venta de sus servicios se realiza exclusivamente a través de otra agencia de viajes	El ofrecimiento y venta de sus servicios puede realizarse a través de otra agencia, o directamente al público. Si actúa simultáneamente como Mayorista-Minorista su fianza es de cinco millones de pesetas	Pueden ofrecer y vender servicios organizados por otras agencias, así como títulos de transporte emitidos o entregados por éstas

6.2. ¿Qué hace una agencia de viajes?

únicas

expresa o explica con claridad y precisión el significado de la palabra o la naturaleza de una cosa

Las funciones *exclusivas* de una agencia de viajes, tal y como *define* su actividad mercantil, son:

— **Reserva de alojamientos** y servicios en establecimientos hoteleros.

47

— Venta de **billetes** y reservas de **plazas** en todo tipo de medios de transporte.

— Organización, venta y realización de viajes combinados y "a forfait", así como la **recepción, traslado** y **asistencia** de los clientes.

— Actuación, por delegación o **corresponsalía,** para otras agencias nacionales o extranjeras.

También pueden desempeñar otras funciones:

— Facilitar información turística (material de **propaganda,** etc.).

— **Cambio de divisas.**

— **Expedir equipaje** por cualquier medio de transporte.

— Formalizar **pólizas** del **Seguro Turístico** a favor de sus clientes.

— **Alquiler de vehículos, con o sin conductor;** así como *fletar* aviones o trenes especiales.

alquilar una nave o parte de ella para el transporte de personas o mercancías

— Reservar **entradas** de **espectáculos** para sus clientes **(cine, teatro, corridas de toros...).**

— Alquilar equipos para la práctica de algún **deporte.**

— Alquilar equipos técnicos de **traducción**, etc., para Congresos.

EJERCICIOS

- ¿Cuáles son las funciones exclusivas de una agencia de viajes?

- Dé sinónimos de:
  - funciones
  - define
  - práctica
  - desempeñar
  - exclusivas

- Escriba el imperfecto de subjuntivo de los verbos:
  - expedir
  - definir
  - vender
  - favorecer
  - fletar

7. ALOJAMIENTOS

Podemos dividir las posibilidades que ofrece la industria hotelera en dos grupos:

— Hoteles homologados.

— Establecimientos complementarios, entre los que se encuentran los **apartamentos,** los **campings,** las **ciudades de vacaciones,** los bungalows, los **albergues de juventud.**

ordenado o determinado para algún fin o efecto

Hotel: Se ha definido como el establecimiento *destinado* a recibir viajeros y suministrar **comidas** mediante el pago de una tarifa determinada. También puede *facilitar* otros servicios como el de **lavado, plancha,** etc.

procurar, hacer fácil o posible una cosa

de no tener, no poseer

En el caso de no estar *dotado* de servicio de comedor recibe el nombre de **residencia.**

acción y efecto de alojar o alojarse: hospedarse

Apartamento: Es una nueva forma de *alojamiento* que, probablemente, responde a la necesidad de las

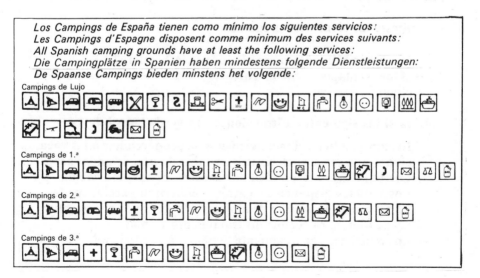

Los Campings de España tienen como mínimo los siguientes servicios:
Les Campings d'Espagne disposent comme minimum des services suivants:
All Spanish camping grounds have at least the following services:
Die Campingplätze in Spanien haben mindestens folgende Dienstleistungen:
De Spaanse Campings bieden minstens het volgende:

Campings de Lujo

Campings de 1.ª

Campings de 2.ª

Campings de 3.ª

familias de continuar su vida familiar en su lugar de vacaciones.

Camping: Tiene el *aliciente* de proporcionar unas vacaciones con las características propias de una *acampada,* es decir: vida al aire libre e independencia, bien en una tienda de campaña o en un remolque.

atractivo

acción de detenerse y permanecer en despoblado, ya sea en cualquier alojamiento o a la intemperie

Ciudades de vacaciones: Responden al concepto de turismo social y permiten que determinados sectores de la sociedad, cuya economía *no les llega* para alojarse en hoteles, veraneen.

no les es suficiente

Motel: Es un tipo de alojamiento situado en la carretera, *alejado* de la ciudad o en la periferia, que alquila habitaciones o apartamentos amueblados, generalmente a automovilistas de paso. Los moteles suelen ser unidades independientes que, a veces, disponen de garaje o *cobertizos* para el coche.

lejos

tejadillo: sitio cubierto ligero, abierto por alguno de sus lados, que sirve para resguardar de la intemperie a personas, animales o cosas

Balneario: Es un tipo de alojamiento de gran tradición, generalmente con una clientela minoritaria que acude a estos establecimientos para recibir un tratamiento termal.

EJERCICIOS

- **Conteste las siguientes preguntas:**

  — **¿Qué posibilidades ofrece la industria hotelera?**
  — **¿Qué ventajas e inconvenientes ve usted en cada una de ellas?**

- **Diga si las siguientes afirmaciones son verdaderas o falsas:**

  — **El camping tiene el inconveniente de proporcionar unas vacaciones con las características propias de una acampada.**
  — **Los balnearios responden al concepto de turismo social.**
  — **Los moteles disponen de garaje o cobertizo para el coche.**
  — **El balneario es un tipo de alojamiento nuevo al que los clientes acuden para recibir un tratamiento termal.**
  — **Los balnearios generalmente tienen una clientela minoritaria.**

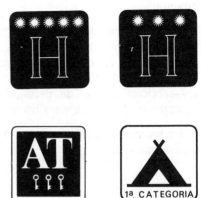
7.1. Hoteles

En España hay cerca de 10.000 establecimientos hoteleros, distribuidos en ocho categorías: hoteles de cinco, cuatro, tres, dos y una estrella y hostales de tres, dos y una estrella. Todos tienen a la entrada una *placa* que acredita su categoría:

lámina, plancha o película y especialmente la que está superpuesta en un objeto
ubicados, colocados

Según donde *estén situados* se consideran hoteles ordinarios u hoteles especiales, que son aquellos situados en la playa, en la alta montaña, hoteles de temporada y hoteles en estaciones termales.

La entrada en los hoteles es libre, ya que son establecimientos públicos. Pero si se viaja con perros hay que recordar que hay muy pocos que admitan animales.

irregularidad

En los hoteles existen unas hojas de reclamaciones en las que se puede indicar cualquier tipo de *anomalía*.

tiene

Si el hotel no *dispone* de habitación sencilla, puede el viajero ocupar una doble pagando únicamente el 80 por 100 de su precio. En el caso de necesitar una tercera cama en una habitación doble, se debe solicitar en recepción. El precio de la habitación aumentará en un 35 por 100.

Al entregar la llave de la habitación en recepción se debe comunicar el precio de ésta; puede comprobarse en un cartel sellado en la recepción y dentro de la habitación.

Para el cliente de un hotel son *gratuitos* los siguientes servicios: la piscina, la playa, las hamacas, los toldos, las sillas, las pistas de patinaje y los aparcamientos de los vehículos, pero, en cambio, deberá abonar los servicios extras de peluquería, de golf, bolera, equitación, discoteca, sala de fiestas, garaje.

gratis, de balde

En todos los hoteles existe un servicio de seguridad contra *incendios*.

fuego grande que abrasa lo que no está destinado a arder

┌─ EJERCICIOS

- **Dé sinónimos de:**

  — **distribuidos**
  — **se consideran**
  — **situados**
  — **indicar**
  — **solicitar**

- **Subraye las construcciones con SE que aparecen en el texto e indique cuál es su valor.**

- **Conteste las siguientes preguntas:**

  — **¿Cómo se consideran los hoteles según su situación?**
  — **¿Cuáles son los hoteles especiales?**
  — **¿Cuándo un viajero pagará solamente el 80 por 100 del precio de una habitación doble?**

8. RELACIONES PÚBLICAS

De acuerdo con los objetivos podemos decir que la Prensa informa, el Marketing y la Publicidad venden. Las **Relaciones Públicas** *predisponen*.

preparan el ánimo de las personas para un fin determinado o influyen en ellas desde el primer momento

principio, verdad o proposición tan evidente que no necesita demostración

se han manifestado
dirigidas

¿Qué son las Relaciones Públicas? Los profesionales de las Relaciones Públicas tienen un *axioma*: "Hacer bien y hacerlo saber". Entre las muchas profesiones y técnicas que *han aparecido* recientemente se encuentran las "Relaciones Públicas", técnicas *encaminadas* a reconocer a los individuos y grupos su propia personalidad públicamente, crear la **imagen** correcta de los políticos, empresarios, trabajadores, *entidades* y marcas y a sensibilizar a los hombres para que resuelvan sus diferencias a través del diálogo.

colectividades o corporaciones consolidadas como unidades

fundamental

Una definición *básica* de "Relaciones Públicas" podría ser: el arte de aglutinar y orquestar todos los medios de comunicación e investigación social en favor de unos fines determinados, basándose en un programa técnicamente estudiado y planificado al servicio de unos objetivos *concretos*.

se dice de cualquier objeto determinado, con exclusión de lo que puede serle extraño o accesorio
intentar

Una de las misiones de las Relaciones Públicas consiste en establecer nuevos sistemas de comunicación social y *tratar de* buscar la comprensión a través de los mismos. Esta utilización de técnicas de comunicación social establecerá líneas directas entre administradores y administrados, directivos y productores, público y entidades. Las Relaciones Públicas son *en esencia* un diálogo. Este diálogo es imprescindible y para ello se *emplean* los medios de comunicación: medio impreso, radio, televisión, etc. Comunicamos nuestras "verdades" y escuchamos las "verdades de los demás", posteriormente se razonan y sopesan para sacar consecuencias y tomar decisiones.

sustancialmente
utilizan, se hace uso de

métodos de ejecutar alguna cosa

Relaciones Públicas es una ciencia y, por tanto, los *procedimientos* que utilizan han de ser científicos

Para *la toma* de decisiones hay que disponer de una *acción de tomar* información precisa, basada en la verdad de los hechos y en el conocimiento de sus causas. Para ello se puede disponer de tres sistemas de investigación y análisis:

— Sistema de **encuestas**.

— Procedimiento histórico.

— Métodos de referencia.

Así pues, el Departamento de Relaciones Públicas constituye un elemento decisivo para la *correcta* toma de decisiones en el momento preciso, puesto que deberá coordinar los medios de investigación, análisis, información, diálogo y comprensión.

libre de errores o conforme a las reglas

┌─ **EJERCICIOS** ─────────────────────────────

• **Escriba un resumen (de unas 75 a 100 palabras) sobre lo que usted entiende por Relaciones Públicas después de haber leído el texto.**

• **Dé palabras de la misma raíz:**

— **básica**
— **encaminadas**
— **resuelvan**
— **determinados**
— **utiliza**

y dé sinónimos de los mismos vocablos.

• **Acentúe, si es necesario, las siguientes palabras:**

relaciones / comunicacion / a traves / publicas / los demas / publicamente / entidades / social / historico /metodos

8.1. Formación del profesional de Relaciones Públicas

Plan de Estudios (O.M. de 7 de noviembre de 1969) ("B.O.E." del 12 de diciembre de 1969)

Primer curso:

Historia Social de la Cultura
Psicología General y Social
Sociología y Teoría de la Opinión Publica
Teoría, Historia y Etica de las Relaciones Públicas
Teoría y Práctica de la Comunicación oral y escrita

Segundo curso:

Economía General y de la Empresa
Técnicas de Investigación Sociológica
Derecho Público y Privado
Teoría y Derecho de la Información
Programación y Técnicas de las Relaciones Públicas
Prácticas de Relaciones Públicas (II)

Tercer curso:

Medios de Comunicación Social
Sistemas de Organización Política y Administrativa
Teoría y Práctica de la expresión gráfica
Marketing y Publicidad
Documentación y Análisis de Organizaciones
Comportamiento Social y Dinámica de grupos
Relaciones Públicas en sectores especializados
Práctica de Relaciones Públicas (III)

Títulos que se obtienen:

— Técnico en Relaciones Públicas
— Graduado Superior en Relaciones Públicas

pertenciente a la profesión

Un *profesional* de Relaciones Públicas, con independencia de sus cualidades personales que podemos reducir a tres: inteligencia, lógica y sentido común, debe tener una formación en Humanidades, un conocimiento profundo de la teoría y técnicas de las Relaciones Públicas, de los medios de comunicación, amplios conocimientos *acerca* de la Empresa, así como una gran *capacidad* para comunicarse con los demás.

referentes a, sobre

talento o facultad para entender o hacer alguna cosa

instrumentos, utensilios que sirven para algún fin

Para poder cumplir con eficiencia su labor en una empresa deberá conocer a la perfección sus *herramientas* de trabajo y utilizarlas con precisión. Entre los medios a su alcance podemos recordar:

— Las cartas
— La información y su tratamiento

— La rueda de prensa
— La memoria anual
— La revista de empresa
— El periódico mural
— La visita de empresa
— Atenciones con informadores y personalidades
— El **buzón** de **ideas**
— Reuniones de empresa
— Las películas
— Los premios
— Las **convenciones**
— **Ferias** y **convenciones**
— Campañas de Relaciones Públicas
— **Congresos** y Asambleas, etc.

EJERCICIO

● **Los estudiantes, trabajando por parejas, habrán de formular cinco preguntas para ser contestadas con la información contenida en el texto.**

8.2. El servicio de "Relaciones Públicas"

El servicio de "Relaciones Públicas" tiene distintas *aplicaciones,* tanto en la Administración Pública como en la empresa privada, puesto que, como medio de comunicación, *satisface* la necesidad del ser humano de ser informado, permite *exteriorizar* opiniones, sentimientos y deseos para que *sean tenidos en cuenta* por los dirigente y éstos, a su vez, quedan informados acerca de la opinión de grupos determinados o del público en general. Las Relaciones Públicas, en estos casos, *se sirven* de encuestas, sondeos de opinión, campañas de *motivación,* buzones de sugerencias o contactos personales. Estos datos serán después analizados y transmitidos a quien *corresponda.*

acción y efecto de aplicar: hacer uso en alguna cosa de los procedimientos adecuados
sacia, da solución a una necesidad
hacer patente, revelar o mostrar algo
sean considerados

se valen de una cosa para el uso propio de ella

acción y efecto de motivar: dar causa o motivo para una cosa

toque o pertenezca

El cometido principal de un servicio de Relaciones Públicas es, *por tanto,* el de servir de canal de comunicación entre:

por consiguiente, así pues

— directivos y empleados,
— empresa y accionistas,

— empresa y **clientes,**
— empresa y proveedores,
— empresa y público en general,

creando entre los empleados un concepto justo de sus jefes y de su empresa, colaborando en la *elaboración* de la política empresarial y de la estrategia comercial, haciendo ver y sentir a los *accionistas* y colaboradores financieros la conveniencia y rentabilidad de su *inversión.* En resumen, ha de crear, dar a conocer y prestigiar la imagen de la empresa, marca, producto o servicio y de los hombres que la integran.

Al mismo tiempo, el servicio de Relaciones Públicas puede *reportar* beneficios a la empresa, ya que, al aumentar el conocimiento y buena imagen de ésta, precisará menos dinero para publicidad *convencional.* Aumenta la productividad laboral, ya que un trabajador bien informado y motivado *rinde* más. Puede ayudar a disminuir la *conflictividad laboral,* puesto que la mayor parte de las huelgas y *absentismo* laboral son producto de la mala información y trato inadecuado entre los distintos grupos de la empresa.

("Manual Práctico de Relaciones Públicas", passim. Fernando Lozano.)

acción y efecto de elaborar: hacer, producir, preparar una materia para determinado fin por medio de un trabajo adecuado
dueño de una o varias acciones en una sociedad mercantil
acción y efecto de invertir: emplear y gastar caudales en aplicaciones productivas
alcanzar, conseguir
que resulta o se establece por costumbre

da fruto
dificultades, problemas laborales
ausencia

EJERCICIOS

- **Conteste las siguientes preguntas:**
  - **¿Qué aplicaciones tiene el servicio de Relaciones Públicas?**
  - **¿Cuál es el cometido principal de un servicio de Relaciones Públicas?**
  - **¿Cómo puede este servicio reportar beneficios a la empresa?**

- **Busque las oraciones en pasiva que aparecen en el texto y transfórmelas en oraciones de pasiva refleja o en oraciones en las que se utiliza la 3.ª persona del plural.**

II SERVICIOS TURÍSTICOS

1. OPERADORES TURÍSTICOS

Para la comercialización del turismo, los productores, o prestadores de servicios, *efectúan* la venta de los productos. Cada uno de ellos puede vender directamente al consumidor final, o sea, el turista, o bien a través de *intermediarios,* entre los que se encuentran los que se dedican a la *organización* de viajes, los mayoristas, los tour-operadores y los agentes de viajes detallistas.

hacen efectiva, ejecutan

que median entre dos o más personas
acción y efecto de organizar: fundar, ordenar o reformar una cosa con arreglo a su fin peculiar
que organizan

Hay dos tipos de agentes: los *organizadores* de viajes y los detallistas. Al primer tipo corresponden los intermediarios comerciales, que tienen en propiedad el producto que están vendiendo. Al segundo tipo corresponden los intermediarios agentes, que trabajan en la comercialización del producto, pero que no lo posen en ningún momento del proceso.

Los organizadores de viajes, mayoristas y tour-operadores, están dentro de la clasificación de intermediarios comerciales que compran espacios en establecimientos de hospedaje y empresas de transportes, y preparan con ello un producto *elaborado* que posteriormente ponen en el mercado a través de las Agencias Detallistas, quienes por su venta reciben una determinada comisión. Este producto es el paquete turístico o package, predominando el llamado IT (Inclusive Tour).

preparado para determinado fin por medio de un trabajo adecuado

("Estudios Turísticos-66", 2, 1980. M. A. Acerenza, passim.)

VACACIONES VERANO 83

PALMA DE MALLORCA	5 noches desde..	**9.900**
TENERIFE (Pº de la Cruz)	9 noches desde..	**18.300**
Combinando LAS PALMAS Y TENERIFE	9 noches desde..	**24.700**
LONDRES	1 semana desde .	**21.500**
PARIS	Fin de semana 3 noches desde..	**27.750**
ROMA	Fin de semana 3 noches desde..	**32.500**
LISBOA	Fin de semana 3 noches desde..	**15.800**
MIAMI	9 días desde.....	**102.350**
NEW YORK	3 noches desde..	**59.950**
BANGKOK	11 días desde ...	**118.650**
UNION SOVIETICA	9 días desde.....	**103.250**
MARRUECOS Circuito (Avión + autocar)	4 noches desde..	**32.700**
CRUCERO POR EL MEDITERRANEO	8 días desde.....	**41.900**

ESQUEMA BÁSICO DE LOS CANALES DE DISTRIBUCIÓN EN TURISMO

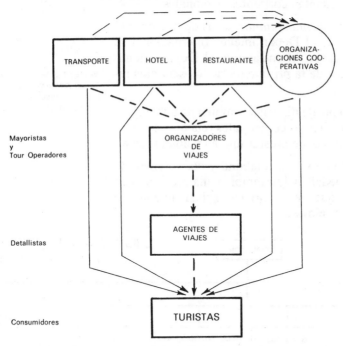

Fuente: Tomado de J. Krippendorf, "Marketing et Tourisme", Editora Lang. Berna, 1971.

EJERCICIO

- **Los alumnos se preguntarán, por parejas, sobre la información que se puede obtener de la lectura de este texto.**

1.1. Agencias de Viajes

En cuanto a la organización, no existe dentro de las agencias de viajes una estructura generalizada. Varía según se trate de una Agencia de Viajes Detallista, de una Agencia de Viajes Mayorista o de un Tour-Operador.

1.2. Agencia de Viajes Detallista

Está *orientada* hacia la atención del público. *No elabora* sus propios productos. La sección de pasajes *se ocupa* también de la venta de viajes organizados por mayoristas o por tour-operadores, mientras que la sección de reservas se encarga de la *atención* telefónica y de las cuentas corrientes nacionales.

Cuando estas agencias *suman* a sus operaciones el turismo *receptivo,* el Departamento Internacional se encarga de la venta. Mientras que el Departamento Nacional lo hace de la *prestación* de los servicios terrestres.

Una agencia puede disponer también de una importante cartera de clientes comerciales (cuentas corrientes) y a los cuales debe prestar una atención especial.

Dependiendo de su especialidad y del volumen de los negocios, pueden incluir también una sección, o un departamento, que se encargue exclusivamente de **grupos** y **convenciones.**

dirigida hacia un fin determinado
no hace
se encarga

acción de atender: cuidar de alguna persona o cosa

añaden
que recibe o es capaz de recibir

entrega o servicio exigido por una autoridad o a consecuencia de un pacto o contrato

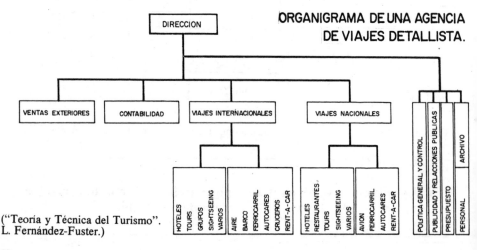

ORGANIGRAMA DE UNA AGENCIA DE VIAJES DETALLISTA.

("Teoría y Técnica del Turismo". L. Fernández-Fuster.)

1.3. Agencia de Viajes Mayorista

se encarga, se ocupa

El Departamento de Programación *tiene a su cargo* lo relativo al desarrollo de los programas, el Departamento de Ventas su comercialización y el Departamento de Reservas se ocupa de la prestación de los servicios vendidos. Normalmente, los mayoristas no venden directamente al público, *por lo tanto* la publicidad y la **promoción** de ventas de sus programaciones está a cargo del Departamento de Ventas.

así pues, por consiguiente

1.4. Tour-Operadores

está, se halla
ejecuta, hace

La diferencia entre un mayorista y un tour-operador *radica* en el hecho de que este último *opera* sus propios programas (en algunos casos, como sucede en Europa, subcontratan los servicios terrestres a operadores locales). Por otra parte, el tour-operador vende

sus programas a través de Agencias de Viajes Detallistas, y directamente al público en sus propias oficinas de venta. Mientras que el mayorista trabaja exclusivamente a través de Agencias de Viajes Detallistas.

(Passim, M. A. Acerenza.)

┌─ **EJERCICIO** ─────────────────────────────────

● **Conteste brevemente, por escrito, las preguntas:**

— **¿Cómo está estructurada la Agencia de Viajes Mayorista?**
— **¿En qué se diferencia la Agencia de Viajes Mayorista de la Detallista?**
— **¿En qué se diferencia un tour-operador de las agencias anteriormente mencionadas?**

└───

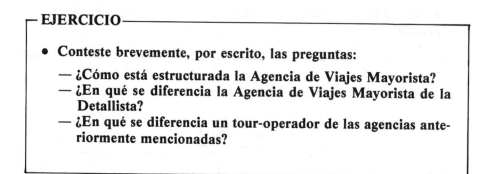

1.5. En una agencia de viajes

LE OFRECEMOS TODO SOBRE VIAJES Y VACACIONES

SERVICIOS GENERALES

En cualquiera de nuestras 78 oficinas usted puede encontrar, como es lógico, todos los servicios habituales que le ofrece una Agencia de Viajes, como son:

— Viajes de vacaciones. A cualquier lugar de España o del mundo. Todos los programas de viajes que existen en el mercado perfectamente explicados por nuestros técnicos, para que usted sepa cuál es el que le conviene.

— Viajes a la medida. Díganos dónde, cuándo y cómo quiere ir, y nosotros nos ocupamos de todo; a su medida.

— Reserva de billetes de avión, **ferrocarril,** barco o cualquier otro tipo de transporte. En las Agencias de Viajes de WAGONS-LITS VIAJES disponemos de las técnicas más modernas para relizar todo tipo de **reservas,** así usted puede evitarse un sinfín de molestias.

— **Alquiler de coches,** con o sin conductor.

— **Cruceros.**

— **Hoteles.** En WAGONS-LITS VIAJES le podemos informar sobre precios, situación, **categoría,** etc., y hacer su reserva. Si necesita ir a cualquier lugar de España o del mundo, no dude en consultarnos.

— **Apartamentos.** Poseemos la información más completa sobre alquiler de apartamentos de vacaciones, en todas las zonas turísticas de España.

PRODUCTOS PROPIOS

WAGONS-LITS VIAJES ha desarrollado una serie de productos con carácter exclusivo, que aunque algunos se puedan adquirir en otras Agencias de Viajes son siempre comercializados a través de WAGONS-LITS VIAJES. Por ejemplo:

— Panorama. Un programa de viajes exclusivos por el mundo.

— Cursos de idiomas. En el país de origen. Clases, transporte y estancias, todo incluido. Para todas las edades.

— Viajes dorados. Ofertas especiales, para viajar cuando muy pocos viajan.

DEPARTAMENTOS ESPECIALES

Las exigencias del mercado, han hecho que WAGONS-LITS VIAJES cree una serie de departamentos especiales para ofrecer mejor servicio en algunos sectores.

Sobre cualquiera de ellos tenemos a su disposición en nuestras Agencias toda la información adicional que necesite.

— Servicio exclusivo para Empresas.

— Incenviajes. Departamento especializado en **viajes de incentivo.**

— **Ferias** y **Convenciones.**

— **Congresos.**

— Viajes deportivos.

— Departamento "Europa Oriental", altamente especializado en esta zona del mundo, bastante compleja a nivel turístico.

— Experiencias (viajes para jóvenes).

— Grupos de Empresa (vacaciones).

- **Escriba un diálogo entre un cliente que visita una agencia de viajes y el encargado que le atiende.**

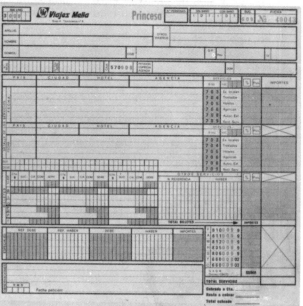

2. PROGRAMACIONES
Excursiones. Destinos. Itinerarios

2.1. Excursiones radiales

proyectan previamente

Las **excursiones radiales** son aquellas que *programan* las agencias de viajes, u otros organismos turísticos, para dar a conocer los puntos artísticos, o de interés turístico en general, que existen dentro de una ciudad o en los alrededores de ella. Generalmente su duración es corta: medio día, día completo o *espectáculos* nocturnos.

funciones o diversiones públicas celebradas en cualquier edificio o recinto en que se congrega la gente para presenciarlas

Radiales

MADRID		COSTA DEL

EXCURSION	PRECIO Pesetas
MADRID ARTISTICO (Mañana)	1.750
MADRID PANORAMICO (Tarde)	1.250
TOLEDO:	
Todo el día	3.000
Medio día (Mañana)	1.850
Medio día (Tarde)	1.850
ESCORIAL-VALLE DE LOS CAIDOS-TOLEDO:	
(Todo el día)	4.000
ESCORIAL - VALLE DE LOS CAIDOS:	
Todo el día	3.000
Medio día (Mañana)	1.850
Medio día (Tarde)	1.850
AVILA - SEGOVIA - LA GRANJA (Todo el día):	
Menú turístico	4.000
Menú gastronómico	4.800
TOLEDO - ARANJUEZ (Todo el día)	3.550
ARANJUEZ (Tarde)	1.550
SEGOVIA - LA GRANJA - RIO FRIO	
(Todo el día):	
Menú turístico	3.750
Menú gastronómico	4.450
CUENCA (Todo el día)	5.750
GRAN NOCHE EN SCALA	6.200
NOCHE DE GALA	5.250
MADRID DE NOCHE	4.100
NOCHE ESTELAR	5.000
PANORAMICA Y TOROS	2.750

BARCELONA	

EXCURSION	PRECIO Pesetas
VISITA CIUDAD (Mañana)	1.250
VISITA CIUDAD (Tarde)	1.550
MONTSERRAT:	
Todo el día	3.000
Medio día	1.800
COSTA BRAVA	3.200
PANORAMICA Y TOROS:	
Tendido de Sombra	3.400
Tendido de Sol	2.800
ANDORRA (Todo el día)	3.400
PANORAMICA DE NOCHE Y FLAMENCO	2.700
NOCHE DE GALA	3.950
NOCHE FLAMENCO (Con cena)	4.400

COSTA DEL SOL DESDE MALAGA/TORREMOLINOS

EXCURSION	PRECIO Pesetas
GRANADA	3.850
SEVILLA	4.700
RONDA	3.300
CEUTA Y TETUAN	6.300
TANGER HYDROFOIL	7.850
TANGER FERRY	7.250
MALAGA Y NERJA	4.000
ARCOS - JEREZ - CADIZ	5.000
BURRO SAFARI	3.000
KON TIKI	3.000
CEUTA COMPRAS	4.000
SEVILLA Y CORDOBA	9.200
CEUTA - TETUAN - TANGER	9.800
TANGER - 2 días	9.500
VISITA DE MALAGA	1.300
NERJA	1.800
COUNTRYSIDE	1.350
MIJAS	1.200
MERCADO FUENGIROLA Y MIJAS	1.200
MARBELLA - PUERTO BANUS	1.200
BARBACOA	2.350
BARBACOA FLAMENCA	2.600
FORTUNA Y CASINO	2.750
NOCHE ANDALUZA Y CAPEA	2.700
TORREMOLINOS - NOCHE - JALEO	1.800

SOLICITELO EN SU AGENCIA DE VIAJES

pullmantur

Condiciones Generales: Las visitas y excursiones que *figuran* en este programa comprenden: el transporte en autocar, las **entradas** a monumentos, el almuerzo en las de día completo y los servicios de guía. No *se incluye* toda clase de extras.

se hallan

está comprendido

Toledo - Aranjuez

DIARIA (excepto martes), TODO EL DIA   Excursión combinada
Salida de nuestra TERMINAL, Plaza de Oriente, 8, a las 8.30 horas.
En Toledo destacan, y serán visitados, la Iglesia de Santo Tomé, la Sinagoga de Santa María la Blanca, Iglesia de San Juan de los Reyes y Catedral. Almuerzo en un magnífico restaurante, para salir seguidamente a Aranjuez, Real Sitio, se podrá admirar la belleza de su Palacio, Jardines y la Casita del Labrador.
Regreso por la tarde a la TERMINAL PULLMANTUR.

DAILY (except Tuesdays), FULL DAY   Combined Tour
Departure from our TERMINAL, 8, Oriente Square, at 8.30 a. m.
In Toledo, the most important monuments will be visited, such as: St. Tome Church, "Santa María la Blanca" Sinagogue, San Juan de los Reyes Church and the Cathedral.
Lunch in a splendid restaurant and afterwards drive to Aranjuez, Royal Residence where you shall admire the beauty of its Palace, Gardens and the Former's Little House.
Return in the afternoon at the PULLMANTUR TERMINAL.

QUOTIDIENNE (excepte mardis), TOUTE LA JOURNEE - Excursion combinée
Départ de notre TERMINAL, 8, Place d'Oriente, à 8h30.
A Tolède, on visitera les monuments les plus célèbres soit l'Eglise de St. Tomé, Synagogue de "Santa María la Blanca", l'Eglise de San Juan de los Reyes et la Cathédrale.
Déjeuner dans un magnifique restaurant avant de continuer ensuite à Aranjuez, résidence royale où vous pourrez admirer la beauté de son Palais, de ses jardins et la petite Maison du Laboureur.
Retour en fin d'après-midi à la TERMINAL PULLMANTUR.

PRECIO POR PERSONA
PRICE PER PERSON   **3.550**
PRIX PAR PERSONNE

Noche de Gala

DIARIA (excepto Lunes)

Salida de nuestra TERMINAL, Plaza de Oriente, 8, a las 20.30 ho Breve recorrido panorámico de la ciudad para llegar a un desta taurante, donde degustará una magnífica cena. A continuación s un selecto Tablao Flamenco y una conocida Sala de Fiestas.
• En cada uno de los lugares visitados será ofrecida una consum
• No se precisa traje de etiqueta, pero si corbata y chaqueta e balleros.

DAILY (except Mondays)

Departure from our TERMINAL, 8, Oriente Square, at 20.30 p. m. Brief sightseeing of the city and arrival to a selected restaurant where you will have a magnificent dinner. Afterwards visit of a ' Show" and a well known night club.
• You will be offered a drink at each one of the visited places.
• Evening dress is not required, but gentlemen will have to wea jacket.

QUOTIDIENNE (sauf Lundis)

Départ de nôtre TERMINAL, 8, Place d'Oriente, à 20h30. Bref parcours de la ville. Diner dans un élégant restaurant, où un menu vous sera servi. Par la suite vous assisterez à un prestigieux Flamenco", ainsi qu'n renomé cabaret.
• Une consommation par personne vous sera offerte dans chaqu visité.
• La tennue de soirée n'est pas necessaire, mais les messieurs devra cravate et veston.

PRECIO POR PERSONA
PRICE PER PERSON   **5.25**
PRIX PAR PERSONNE

(Pullmantur)

EJERCICIOS

• **Desarrolle estas visitas, actuando como un Guía de Turismo.**

• **Prepare uno o varios programas de visitas artísticas a su ciudad, o un programa de espectáculos típicos de su ciudad o país.**

2.2. Circuito en autobús

RUTA COLOMBINA. DURACIÓN: 6 DÍAS

Primer día:

MADRID ● ALMAGRO ● VALDEPEÑAS ● BAILÉN ● CÓRDOBA

asiento o trono de un prelado que ejerce jurisdicción

Salida a las 9,00 horas hacia Almagro, antigua *sede* de los Maestres de Calatrava y capital de la provincia en el siglo XVIII. Visita de la Plaza Mayor, joya de Almagro y una de las más bellas de España, y del Corral de Comedias, *reliquia* de los escenarios del teatro del Siglo de Oro. Almuerzo en el Parador Nacional de Turismo. Después del *almuerzo,* salida con dirección a Valdepeñas, Bailén y Córdoba. Cena y alojamiento en el Parador Nacional de Turismo.

huella o vestigio de cosas pasadas

comida que se toma durante el día y es la primera de las dos principales

Segundo día:

CÓRDOBA ● CARMONA

Desayuno y almuerzo en el Parador. Por la mañana, visita de la ciudad, rica en arte e historia, situada a orillas del Guadalquivir. Después del almuerzo, salida hacia Carmona, la Karmuna de los árabes, de cuyos tiempos ha conservado el aspecto en la *tortuosidad* de sus callejas y sus patios floridos. Cena y alojamiento en el Parador Nacional de Turismo.

calidad de tortuoso: que tiene vueltas, curvas o rodeos

Tercer día:

CARMONA ● SEVILLA ● HUELVA ● AYAMONTE

Salida a las 9,00 horas hacia Sevilla. Visita de los principales monumentos de la ciudad: catedral, *alcázar* y sus jardines, Giralda, etc. Almuerzo en Sevilla. Después del almuerzo, salida hacia Huelva y Ayamonte. Cena y alojamiento en el Parador Nacional de Turismo.

fortaleza, casa real

Cuarto día:

AYAMONTE

pertenecientes a Cristóbal Colón o a su familia

Pensión completa en el Parador Nacional de Turismo. Por la mañana, visita de los lugares *colombinos:*

67

La Rábida, Palos de la Frontera, Moguer, etc. Tarde libre.

Quinto día:

AYAMONTE ● CARMONA ● ZAFRA ● MÉRIDA

Salida a las 9,00 horas con dirección a Carmona. Almuerzo en el Parador Nacional de Turismo. Después del almuerzo, salida para Zafra. *Breve* parada y continuación a Mérida. Cena y alojamiento en el Parador Nacional de Turismo.

de corta duración

Sexto día:

MÉRIDA ● GUADALUPE ● MADRID

Salida a las 9,00 horas hacia Guadalupe. A la llegada, visita del monasterio, símbolo de la Hispanidad, cuyo origen *se remonta* al siglo XIII. Almuerzo en el Parador Nacional de Turismo. Después del almuerzo, salida para Madrid.

se eleva

┌─ EJERCICIO ──────────────────────

● **Con ayuda de una guía y mapas, desarrolle este itinerario.**

2.3. Itinerario aéreo

SUDAMÉRICA

Duración total del viaje: 11 días (cuatro noches en Río de Janeiro, una en Iguazú, cuatro en Buenos Aires).

SALIDAS:
Octubre 2
Noviembre 6
Diciembre 11
Febrero-84 5
Marzo-84 11

EUROTOUR s. a.

SERVICIOS INCLUIDOS EN ESTE ITINERARIO

— Avión de línea regular, clase turista, para los trayectos: España - Río de Janeiro - Iguazú - Buenos Aires - España.

— Asistencia y traslado desde los aeropuertos a los hoteles y viceversa.

— Hoteles: Primera categoría.

— Régimen alimenticio: En Brasil, desayuno brasileño; en Buenos Aires, desayuno continental.

— Visitas y excursiones indicadas, excepto las opcionales.

— Servicio de guías locales en traslados y visitas.

— Guía acompañante de nuestra organización durante todo el recorrido.

ITINERARIO:

Día 1.º: ESPAÑA - RÍO DE JANEIRO.—Presentación en el **aeropuerto** de Barajas, salidas internacionales, **Mostrador** de la Cía. Varig, a las 23,00 horas del sábado. Salida en avión clase turista, de línea regular, a la 1,10 horas del domingo. Cena y noche a bordo. Llegada a Río de Janeiro. Asistencia y **traslado** desde el aeropuerto al hotel. **Alojamiento.**

Día 2.º: RÍO DE JANEIRO.—**Desayuno** y alojamiento en el hotel. Por la mañana, visita de la ciudad, con subida al monte Corcovado, donde se encuentra la estatua de Cristo Redentor, con una altura de 287 metros y 2.000 toneladas de peso aproximado. Desde este monte se puede contemplar una magnífica *panorámica* de la ciudad y de la Bahía de la Guanabara.

perteneciente o relativo a panorama: vista de un horizonte muy dilatado

Día 3.º: RÍO DE JANEIRO.—Desayuno y alojamiento en el hotel. Día libre a su disposición en donde podrá realizar la excursión **opcional** a las Islas Tropicales.

Día 4.º: RÍO DE JANEIRO.—Desayuno y alojamiento en el hotel. Día libre en donde se podrá disfrutar de sus magníficas playas.

Día 5.º: RÍO DE JANEIRO-IGUAZÚ.—Desayuno en el hotel. Traslado al aeropuerto. Salida en avión de línea regular, clase turista, con destino a Iguazú. Llegada. Traslado al hotel. Alojamiento. Por la tarde, visita a las famosas *cataratas* de Iguazú, considerado el más bello salto de agua del mundo. Situadas en las fronteras de Brasil, Argentina y Paraguay, sus aguas se precitan desde 75 metros de altura, formando nubes azuladas y casi trescientos saltos de agua entre *barrancos* impresionantes que sobrecogen. Pocos lugares del mundo hay que encierren tanta belleza.

cascadas, despeñaderos de agua

despeñaderos, precipios

Día 6.º: IGUAZÚ-BUENOS AIRES.—Desayuno en el hotel. Traslado al aeropuerto para salir en avión de línea regular, clase turista, con destino a Buenos Aires. Llegada. Traslado desde el aeropuerto al hotel. Alojamiento.

Día 7.º: BUENOS AIRES.—Desayuno y alojamiento en el hotel. Por la mañana, visita panorámica de la ciudad, recorriendo la famosa avenida del 9 de Julio, de una *inusual* anchura, con cuatro vías de circulación en cada sentido; la Casa Rosada, que es el Palacio del Gobierno; la Catedral y el *Cabildo,* de clásico estilo colonial; el barrio de Roca; Avenida de Santa Fe; Avenida de los Libertadores.

no usual

cuerpo de eclesiásticos capitulares de una iglesia o colegial

Día 8.º: BUENOS AIRES.—Desayuno y alojamiento en el hotel. Día libre a su disposición, en donde podrá realizar la excursión *opcional* a Tigre y Delta del Paraíso o fiesta *gaucha.*

que se puede elegir

gaucho: se dice del natural de las Pampas de la Argentina, Uruguay...

Día 9.º: BUENOS AIRES.—Desayuno y alojamiento en el hotel. Día libre que podrá dedicarlo a *recorrer* sus calles y efectuar compras.

atravesar de un extremo a otro

Día 10.º: BUENOS AIRES-ESPAÑA.—Desayuno en el hotel. Asistencia y traslado al aeropuerto. Salida en avión de línea regular, clase turista, con destino al punto de origen. Cena y noche a bordo.

Día 11.º: ESPAÑA.—Desayuno a bordo. Llegada y
FIN DE NUESTROS SERVICIOS

PRECIO POR PERSONA EN PESETAS
EN HABITACIÓN DOBLE
(Grupo mínimo: 10 personas)

Desde Barcelona 185.600
Desde Madrid........................ 177.350
Supl. habitación individual 18.100

┌─ **EJERCICIO** ─────────────────────────────────────

- **Dé palabras de la misma raíz:**

  — regular
  — asistencia
  — alimenticio
  — excepto
  — opcional

└──

2.4. Combinado avión + bus + crucero

(634)

10 días Artemisa

**Atenas, Circuito de 3 días (Delfos y Meteora)
y Crucero de 4 días (Islas Griegas y Turquía)**
FECHAS DE SALIDA:
JUEVES (del 14 de junio al 27 de septiembre).

ESTE ITINERARIO INCLUYE:

AUTOCAR	🚗 🛏 🎵
VISITAS	Delfos, Meteora.

- Traslados aeropuerto-hotel y viceversa, en Atenas.
- Camarote doble Tipo 5 en el crucero.
- Seguro Turístico
- Bolsa de viaje.

NOCHES	CIUDAD	HOTEL	CATEGORIA
3	ATENAS............	Elegido	
1	DELFOS		1.ª Cat.
1	KALAMBAKA	DIUANI	1.ª Cat.

OLYMPIC **Alitalia** GIT40A2PT01
ITINERARIO: Mínimo = 6 pax.

1 día (Jueves): ESPAÑA - ATENAS
Salida en vuelo regular a la hora que previamente se indique con destino a Atenas. Llegada y traslado al hotel. Alojamiento.

2 día (Viernes): ATENAS - TEBAS - LEVADIA - DELFOS
Desayuno y salida hacia Tebas y Levadia. Breve parada y continuación hasta Delfos. Visita. Tarde libre. Alojamiento.

3 día (Sábado): DELFOS - ANFISA - KALAMBAKA
Desayuno y continuación de la visita con el Museo. Visita de las fuentes de Castalia y Marmaria. Almuerzo y salida hacia Anfisa y Lamia. Breve parada para proseguir hasta Kalambaka. Alojamiento.

4 día (Domingo): KALAMBAKA - METEORA - TERMOPILAS - KAMEN - VOURLA - ATENAS
Desayuno y salida hacia Meteora. Visita, almuerzo y continuación hacia las Termópilas. Breve visita y continuación hacia Kamen-Vourla y Atenas. Alojamiento.

5 día (Lunes): ATENAS - EL PIREO - MYCONOS
Desayuno. Traslado al puerto de El Pireo. Embarque a las 10,00 horas en el buque «City of Rhodos». Acomodación en los camarotes elegidos. (En el precio de venta incluido camarote doble Tipo 5.) Myconos. Llegada a las 18,30 horas. Embarque de nuevo. Pensión completa. Noche de navegación.

6 día (Martes): KUSADASI (Efeso) - PATMOS
Llegada a las 7,30 horas. Embarque a las 11,45 horas. Patmos. Llegada a las 15,15 horas. Embarque a las 22,00 horas. Pensión completa. Noche en navegación.

7 día (Miércoles): RODAS
Llegada a las 8,00 horas. Embarque a las 20,00 horas. Pensión completa. Noche en navegación.

8 día (Jueves): HERAKLION (Creta) - SANTORINI
Llegada a las 7,30 horas. Embarque de nuevo. Santorini. Llegada a las 16,30 horas. Embarque a las 20,00 horas. Pensión completa. Noche en navegación.

9 día (Viernes): EL PIREO - ATENAS
Desayuno. Desembarque a las 7,00 horas. Traslado al hotel. Alojamiento. Día libre.

10 día (Sábado): ATENAS - ESPAÑA
Desayuno y traslado al aeropuerto para salir a España.

FIN DEL VIAJE

- Escribir una conversación entre dos parejas de este circuito comentando sus impresiones, compras, etc.

- Los alumnos, por parejas, manifestarán —en forma de diálogo— sus diversas preferencias por los viajes en avión, barco..., poniendo de relieve las ventajas e inconvenientes de cada tipo.

2.5. Condiciones generales

NUESTROS PRECIOS INCLUYEN: Los servicios que se especifican en cada itinerario, servicio de **maleteros**, traslado al aeropuerto, terminales y hoteles, y las visitas y excursiones turísticas, mencionadas, con guías y entradas.

NUESTROS PRECIOS NO INCLUYEN: Extra de ningún tipo, gastos de índole personal, **tasas de aeropuertos,** ITE sobre tarifa aérea, exceso de equipaje, transporte de perros u otros animales, ni cualquier otro gasto análogo.

SUPLEMENTOS: Cuando no pueda facilitarse habitación individual o servicio de baño privado a aquellas personas que lo hubieran solicitado previamente, las cantidades correspondientes por cada noche serán reembolsadas al finalizar el tour, y en la misma oficina en la que se hubiese pedido, sin contraer el Organizador ninguna otra responsabilidad.

TARIFAS: Todos los precios indicados en este folleto están basados en las tarifas actuales y en los tipos de cambio al 1 de septiembre de 1983, y sujetos a modificaciones sin necesidad de aviso en los supuestos de alteración de cualesquiera de ellos. El pasajero se compromete a abonar la diferencia resultante antes de iniciarse el tour. Todos los tours deben ser pagados en su totalidad antes de que comiencen.

ANULACIONES: De acuerdo con el artículo 49, párrafos C y D de la Reglamentación de Agencias de Viajes (O. M. de 9 de agosto de 1974), el desistimiento del viaje previamente contratado dará lugar a los siguientes gastos de anulación: gastos de gestión, gastos de anulación, si los hubiere, y el 15 por 100 del importe del viaje en concepto de indemnización. Además, la agencia podrá cobrar en concepto de penalización: si la anulación se produce entre 15 y 10 días antes de la iniciación del viaje, 5 por 100 de su importe; entre 10 y 3 días, 15 por 100 de su importe; durante las últimas 48 horas, 25 por 100 de su importe.

EQUIPAJE: El Organizador transportará dos maletas de tamaño normal y una pieza de equipaje de mano por persona. En cualquier caso, las maletas no deberán nunca exceder de un peso de 20 kilogramos en total. Durante la realización del viaje por ferrocarril serán transportados gratuitamente hasta 30 kilogramos por persona.

Cuando se viaje por vía aérea el máximo incluido es de 20 kilogramos en clase turista, o de 30 kilogramos utilizando primera clase. El equipaje y demás efectos personales del viajero no son objeto del contrato de transporte, entendiéndose a todos los efectos, que éste los conserva siempre consigo, cualquiera que sea la parte del vehículo en que fueran colocados y que son transportados por el propio viajero y de su cuenta y riesgo, sin que el Organizador venga, por tanto, obligado a responder contractualmente de la pérdida o daño que los mismos pudieran sufrir por cualquier causa durante el viaje. Quien desee un seguro que lo cubra ampliamente, podrá suscribir una póliza de esta índole en cualquiera de nuestras oficinas, por el tiempo y cuantía que le interese.

PASAPORTES, VISADOS Y REQUISITOS SANITARIOS: Se recuerda a todos los clientes que es necesario en todo caso un pasaporte válido, y que deben asegurarse de que cumplen todas las normas y requisitos aplicables en materias de visados antes de abandonar su propio país, a fin de poder entrar en todos los países que vayan a visitarse. Lo mismo será de aplicación en materia de los requisitos sanitarios que estén en vigor y sean exigibles al tiempo de realización del tour. Los gastos para la obtención de los documentos necesarios a este respecto serán de cuenta de cada cliente.

El Organizador no asume responsabilidad alguna si a un cliente, por cualquier razón, le es denegada la entrada en un país determinado, y los gastos consiguientes serán por cuenta del cliente, según las obligaciones que el Organizador tiene en virtud de los contratos celebrados por terceras partes.

CAMBIO DE **ITINERARIOS** Y HOTELES: El Organizador se reserva el derecho de alterar en cualquier momento el itinerario si es necesario para el confort y seguridad de los pasajeros, y también de cambiar los hoteles por otros similares de la misma categoría, así como el horario de las salidas, sin necesidad de previo aviso.

REEMBOLSO: Todas las reclamaciones de reembolso deberán ser dirigidas a la oficina inscriptora dentro de los 60 días siguientes a la terminación del tour, debiendo realizar dicho reembolso esta misma oficina. No se reembolsará cantidad alguna por servicios no utilizados voluntariamente por el viajero. Los reembolsos se verificarán únicamente de acuerdo con el coste de los servicios no utilizados o cancelados, y si por causas justificadas el Organizador se viera obligado a cancelar la salida de un tour únicamente se reembolsará el precio actual del mismo. En cualquier caso, la reclamaciones de reembolso deberán acompañarse con una nota de guía-correo indicando los servicios no utilizados y sus razones.

RESPONSABILIDADES: El Organizador declara explícitamente que obra únicamente como intermediario entre los viajeros y las entidades o personas llamadas a facilitar los servicios que se indican en los itinerarios, o sea, empresas de transportes, hoteles, restaurantes, etc.; por consiguiente, declina toda responsabilidad por deficiencias en cualquiera de los servicios prestados, así como por cualquier daño, herida, accidente, retraso o irregularidades que pudieran ocurrir durante la ejecución de los servicios a las personas que efectúen el viaje por su mediación, así como el equipaje y demás objetos de su propiedad; por las malas condiciones atmosféricas, decisiones de los gobiernos, catástrofes naturales y demás sucesos que pudieran ocurrir fuera del control del mismo.

Cuando el pasajero viaje en autocares, conviene someterse expresamente a las leyes del país en que esté matriculado el vehículo en caso de accidente. Las líneas aéreas o las compañías marítimas, así como las demás compañías del transporte no serán responsables por los eventos que puedan ocurrir cuando el pasajero no esté utilizando sus servicios. El billete de pasaje constituirá el único compromiso entre dichas compañías de transporte y/o el pasajero.

EJERCICIOS

- **Compare estas condiciones generales con algún folleto de una agencia de viajes de su país.**

- **Explique a un posible cliente estas condiciones generales.**

3. PUNTOS DE SALIDA

3.1. En el aeropuerto

Los aeropuertos, por lo general, *se encuentran* a algunos kilómetros de distancia de las ciudades, por razones de seguridad. Para llegar a ellos existen *diversos* medios de transporte. Por lo general es preferible emplear el taxi, *puesto que* es más rápido y nos permite una mayor comodidad (equipaje, etc.). También se pueden coger unos autobuses especiales que nos llevan al aeropuerto.

están ubicados, situados

varios

ya que, porque

AUTOBUSES AMARILLOS: Precio 125 pesetas por pasajero, incluido equipaje.

como

TAXIS: *a modo de* orientación, un desplazamiento entre el aeropuerto y el centro de la ciudad puede costar entre 700 y 1.000 pesetas.

Si el viaje tiene como destino una ciudad dentro del territorio nacional nos dirigiremos a la **Terminal** Nacional. Si, por el contrario, el destino es otro punto, nos dirigiremos a la Terminal Internacional.

empieza, se inicia

Una vez en el interior del edificio de la Terminal *comienza* el proceso:

destinado para determinado fin

— **Facturación** del equipaje: en el Mostrador *designado* para el vuelo, de una compañía nacional o extranjera. Vuelo regular o "charter".

retirado

Algunas veces, si no se ha *recogido* antes, hay que pasar a recoger la **documentación** que nos entrega el representante de la agencia de viajes (bolsa de viaje, **bonos,** instrucciones) en un mostrador determinado.

SITUACION, ACCESOS Y PLANTA DEL AEROPUERTO INTERNACIONAL DE MADRID BARAJAS

("Ronda Iberia", julio 1984)

Al facturar el equipaje se nos hace entrega de la **Tarjeta** de **Embarque** y del **Talón**-resguardo **de equipaje,** y se nos indica el número de la **Puerta de Embarque.**

A continuación se pasa por el Control de Pasaportes para que se nos ponga el sello de la salida del país. Y entramos en la **Sala de Espera,** donde se puede hacer compras en la **Tienda Libre de Impuestos.**

DIVISAS: Residentes en el extranjero, 20.000 pesetas y la divisa que declararon a la entrada. Si no hicieron esta declaración sólo podrán sacar la equivalencia a 80.000 pesetas. Si son residentes en España, 20.000 pesetas y en divisas el equivalente a 80.000 pesetas para viajes de turismo, cuatro veces al año; para negocio 200.000 pesetas y para atenciones por enfermedad, debidamente justificadas, sin límite.

Unos minutos antes de la salida del vuelo, los altavoces *avisan a* "los pasajeros con destino X, vayan a la Puerta de Embarque número Y". "Último *aviso* para los pasajeros con destino X, vayan a la Puerta de *Embarque* número Y". Repitiéndose en varios idiomas.

llaman, convocan
llamada, advertencia

acción y efecto de embarque: hacer entrar personas en una embarcación para transportarlas de un lado a otro

La Puerta Y nos lleva a una de las salidas hacia las pistas, donde, generalmente, espera un autobús que nos *conducirá* a la escalerilla del avión. Allí amables **azafatas** nos dan la bienvenida a bordo y nos *acomodan* en los asientos respectivos: Fumadores/No fumadores. *Al cabo de* unos minutos se cierran las puertas del aparato y los altavoces del avión nos recuerdan que el viaje comienza: *"Abróchense* los **cinturones** de **seguridad".** *"Apaguen* los cigarrillos, por favor".

llevará
ponen en sitios convenientes

transcurridos, después de...

cierren, ajusten
extingan el fuego

A continuación, el avión empieza a rodar lentamente por la *pista* asignada hasta que despega y va tomando el rumbo. Mientras tanto, el comandante de la nave nos da la bienvenida a bordo en nombre de toda la **tripulación** y ofrece los datos del vuelo: tiempo atmosférico, altura, duración *estimada* del mismo, etc. Después las azafatas y ayudantes de vuelo *proceden* a explicar y hacer una demostración de las normas de seguridad de Aviación Civil en caso de emergencia.

después, luego
carretera con firme especial

calculada
empiezan a ejecutar alguna cosa

A lo largo del viaje, el personal de vuelo ofrece revistas, entretenimientos, bebidas y un **refrigerio,** así

78

La flota de IBERIA

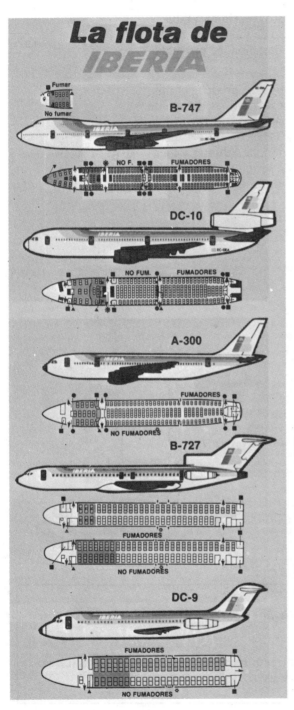

- B-747
  - Fumar / No fumar
  - NO F. / FUMADORES
- DC-10
  - NO FUM. / FUMADORES
- A-300
  - FUMADORES / NO FUMADORES
- B-727
  - FUMADORES / NO FUMADORES
- DC-9
  - FUMADORES / NO FUMADORES

■ GRAN CLASE
☐ BUTACAS NO FUMADORES
■ PRIMERA CLASE
BUTACAS FUMADORES
■ CLASE PREFERENTE
CLASE TURISTA
POSIBILIDAD DE ESTABLE-CIMIENTO DE CLASE PRE-FERENTE EN TODO EL ES-PACIO DELIMITADO

☐ POSIBILIDAD DE ESTABLE-CIMIENTO DE LA CLASE TURISTA EN TODO EL AVION

■ LAVABO-WC

▲ ROPERO

● REVISTERO

✳ VENTA A BORDO

✿ VENTA A BORDO NO LO-CALIZADA EN UN LUGAR DETERMINADO

LAS SILUETAS DE LOS AVIONES NO SE HAN RE-PRESENTADO PROPORCIO-NADAS ENTRE SI

como artículos libres de impuestos (perfumes, tabaco, bebidas y recuerdos). En el caso de vuelos intercontinentales, o de varios horas de duración, se proyectan películas.

A la llegada al punto de destino, se produce el mismo itinerario, a la inversa. En este caso, es la Sala de Llegadas para recoger el equipaje, pasar el control de pasaportes, donde se entrega la Ficha de Pasajero, *previamente* rellenada en el avión, la **Aduana** y localizar a la persona (en el caso de ser un viaje organizado), transferistas o guía, que nos recogerá.

con anticipación o antelación

EJERCICIOS

- **Subraye las frases en las que aparezca el pronombre SE y exprese su valor.**

- **Utilizando el estilo indirecto narre una posible conversación entre una azafata y un viajero.**

3.2. En la estación de ferrocarril

La llegada a una estación de tren se puede hacer en uno de los medios usuales de transporte (taxi, autobús o metro). Una vez en la estación, *tras* consultar el cuadro-**horario** de un tren cuyo destino interesa, hay que dirigirse a la **ventanilla** de *despacho* de billetes. También se puede hacer en una agencia de viajes o en otros despachos de RENFE que existen en las ciudades españolas.

después de

acción y efecto de despachar: vender

pictogramas

 Información

 Despacho de billetes

 Teléfono

 Objetos perdidos

 Caballeros

 Sala de espera

 Salida

 Cambio de moneda

 Consigna normal

Consigna automática

Facturación de Equipajes

 Paso subterráneo

Paso superior

Taxi

 Entrega de Equipajes

Aduana

 Mozo del exterior

 Auto-expreso

 No fumadores

 Fumadores

No arrojar objetos al exterior

 Correos

 Restaurante

 Servicios

 Señoras

 Depósito para desperdicios

 Entrada

 Paso prohibido

(Guía de RENFE)

El sistema de reservas electrónico de plazas permite *adquirir* los billetes hasta con una *antelación* de sesenta días, abonando un suplemento de 30 pesetas.

comprar, obtener
anticipación

El precio del billete está fijado *en función de* la distancia comercial recorrida (km) y de la clase del billete: 1.ª, 2.ª clase, *suplementos* (de velocidad) y complementos (**cama, litera**).

según, teniendo en cuenta
acción y efecto de suplir: completar lo que falta en un cosa o remediar la carencia de ella
adjudican

Pero existen determinadas ventajas para el viajero, es decir, hay unos **descuentos** que se *aplican:*

— Todos los días del año:

- Billetes para familias numerosas (del 20 al 50 por 100).
- Billetes para niños de 4 a 12 años (50 por 100).
- Personas mayores de 65 años y pensionistas (50 por 100).
- "Chequetrén" nominativo y de empresas (15 por 100).
- Trenes especiales concertados.

— Descuentos aplicables en "Días Azules". Estos días pertenecen a un calendario especial (por ejemplo, en 1983, había 302).

- Billetes individuales y de ida y vuelta (25 por 100).
- Billetes para grupos (20 al 30 por 100).
- Viajes de familia (50 por 100).
- Viajes con el cónyuge en **coche-cama.**
- "Auto-Expreso" (20 al 100 por 100).

El tipo de billete puede ser **sencillo** o de **ida y vuelta.** Existe también un bonotrén, que da derecho a diez viajes sencillos y no es *nominativo* ni tiene caducidad. Luego están los billetes para jóvenes menores de 26 años (BIGE) y los billetes para trabajadores (BIGT). También hay billetes para *trayectos* internacionales (Inter-Raíl Junior e Inter-Raíl Senior). Una vez adquirido el billete se pasa a la estación propiamente, o a la sala de espera dicha, donde se puede encontrar toda una serie de servicios para el viajero: restaurantes, cafeterías, cantina, librerías, puestos de periódicos, **estanco,** lotería, cambio de moneda, correos y telégrafos, Oficina de Turismo, alquiler de coches y galerías comerciales.

se aplica a los "efectos públicos" que precisamente han de extenderse a nombre o a favor de uno
distancia o camino que se recorre o puede recorrerse de un punto a otro

Igualmente, en el caso de haber *extraviado* o encontrado algún documento o equipaje se debe comunicar al Jefe de estación, que *facilitará* su localización a través de la **Oficina** de **Objetos perdidos.**

perdido

hará fácil o posible, procurará

Las estaciones principales cuentan con un servicio de traslado de equipajes, mediante los mozos de estación.

En el caso de encontrarse de paso por la ciudad, existe el servicio de **Consigna** y Consigna automática —actualmente suspendido temporalmente— para *guardar* el equipaje.

conservar y custodiar algo. Conservar o retener una cosa

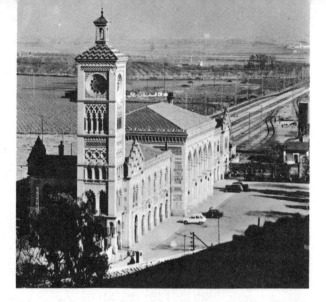

Una vez localizado el **andén** y la **vía** del tren que deseamos coger, solamente hay que *buscar* el número de coche o vagón y posteriormente el asiento o plaza adjudicada. El altavoz de la estación anuncia "el tren con destino X, situado en el andén Y, vía Z va a *efectuar* su salida".

hacer diligencias para encontrar algo

hacer efectiva una cosa

En el caso de no encontrar fácilmente el número de asiento que nos corresponde, se debe *consultar* al **revisor,** que nos indicará exactamente el lugar.

si no se encuentra
preguntar

Una vez que el tren se ha puesto en marcha y ha efectuado su salida, este revisor es el responsable de *comprobar* si el billete del viajero corresponde con el asiento que ocupa.

verificar

Asimismo, si a lo alrgo del trayecto se desea efectuar algún cambio de billete, para pasar a ocupar una clase superior, o *prolongar* el viaje hay que *recurrir* a este empleado para que realice la gestión oportuna.

del mismo modo

alargar
acudir a una autoridad con una demanda o petición

EJERCICIOS

- **Haga un breve resumen de este capítulo.**

- **Subraye los pronombres relativos que aparecen en el texto, indicando el antecedente, si son explicativas o especificativas, etc.**

3.3. Cuadro-horario

MALAGA — MADRID

Identificación del tren		ELECT. 11691 511	Ráp. 11513 513	TALGO 141	Exp. 995	Exp. 841
Prestaciones	Plazas asiento	1-2	1-2	1-2	1-2	1-2
	Cama o litera				⇥	⇥
	Restauración	✕	⟡	✕	⟡	✕
	Particularidades	🄱 🄲		🄰	🄳	🄳
MALAGA .... S.		7.00	10.35	14.40	19.00	22.15
Alora			11.05		19.35	
Las Mellizas		7.31	11.19		19.57	
El Chorro						
Gobantes					20.17	
Bobadilla		7.54	11.46	15.31	20.41	23.37
La Roda de Andalucía			12.03		21.01	23.57
Puente Genil		8.24	12.21	16.00	21.19	0.16
Aguilar de la Frontera			12.38		21.38	0.36
Montilla			12.45		21.46	
CORDOBA .... Ll.		9.32	13.34	17.06	22.33	1.32
CORDOBA .... S.		9.39	13.52	17.11	22.48	1.47
Villafranca de Córdoba			14.15			2.24
El Carpio de Córdoba			14.27		23.20	2.40
Montoro			14.36		23.29	2.51
Villa del Río			14.49			
Marmolejo			15.02	18.05	23.52	3.21
Andújar		10.31	15.16			
Villanueva de la Reina			15.27	18.22	0.08	3.39
Espeluy		10.45	15.50	18.44	0.29	4.14
Linares-Baeza		11.04	16.18		0.51	
Vilches			17.14		1.51	
Almuradiel-Viso del Marqués		12.12	17.40		2.27	
Valdepeñas		12.30	18.00		2.48	
Manzanares			18.15			
Cinco Casas		13.07	18.39	20.31	3.20	6.34
Alcázar de San Juan			19.36		Ll.	7.42
Aranjuez		14.40	20.19	22.06		8.30
MADRID-Atocha .... Ll.						

🄳 Continúa a Valencia y Barcelona.
🄲 En Alcázar se desdobla destinos Valencia y Barcelona.
🄰 Suplemento TALGO.
🄳 Suplemento EXPRESO.
🄱 Suplemento ELECTROTREN.

¿Cómo se lee un Cuadro-**Horario**?

En mayúsculas y en caracteres gruesos (negritas) es la Estación de origen/Término capital de provincia: Madrid/Málaga.

Nudo ferroviario importante, en caracteres gruesos: Alcázar de San Juan.

Estación intermedia, en caracteres finos: Bobadilla.

Estación de una línea de correspondencia con el itinerario que se está consultando, en letra cursiva.

Apt: *apartadero*   — trozo de vía enlazado con la principal, que sirve para maniobras

Apd: *apeadero*   — sitio de la vía dispuesto para el servicio público, pero sin estación

Cgd: *cargadero*   — sitio por donde se cargan y descargan mercancías

Ll: **llegada**

S: **salida**

La columna de trenes es para la identificación del tipo de tren. En la columna de horario, una línea vertical indica que el tren no *efectúa* **parada**.   *realiza*

4. SERVICIOS HOTELEROS

GUÍA DE ALOJAMIENTOS HOTELEROS

EXPLICACIÓN DE NÚMEROS, SIGNOS Y SÍMBOLOS.

1. Grupo y categoría:
    H: Hotel. HR: Hotel Residencia. HA: Hotel Apartamentos. RA: Residencia Apartamentos. M: Motel. Ĥ: Hostal. P: Pensión. ĤR: Hostal Residencia. (La letra R indica que el establecimiento no presta servicio de comedor, aunque facilitar el desayuno, así como los servicios propios de cafetería.)

2. Modalidad:
    Py: Playa. AM: Alta montaña. B: Balneario.

3. Nombre de la localidad (C: Capital de la provincia) y signos distintivos de sus servicios.

    ↑ Altura sobre el nivel del mar.

    ⚓ Número de habitantes.

    → Distancia a la capital de la provincia.

    Nombre del establecimiento y signos distintivos de sus servicios, dirección urbana, teléfono, dirección telegráfica y telex.

CIUDAD MONUMENTAL	PLAYA CERCANA	JARDIN	PELUQUERIA
PUERTO	DEPORTES NAUTICOS	GOLF	SALON DE BELLEZA
AEROPUERTO	DEPORTES DE MONTAÑA	MINIGOLF	TIENDAS
FERROCARRIL	CAZA	TENIS	CAMBIO DE MONEDA
GASOLINERA	PESCA	BOLERA	ADMITE PERROS
CORREOS	SITIO CENTRICO	PISCINA	HABITACIONES CON SALON O SUITES
TELEGRAFO	SITIO PINTORESCO	SALA DE CONVENCIONES	AIRE ACONDICIONADO
TELEFONO	EDIFICIO HISTORICO	MEDICO	RADIO
MUSEOS	GARAJE	SALA DE FIESTAS	TELEVISION
PLAZA DE TOROS	BUS A ESTACION	SAUNA O GIMNASIO	TELEFONO EN LA HABITACION
AIRE ACONDICIONADO EN HABITACIONES	CALEFACCION	CASINO	BINGO

4. Otras temporadas altas.
    Se aplican precios máximos en Navidad, Semana Santa, fiestas locales.

5. Temporadas.
    Comprende los períodos en que se divide el año turístico.

6. Precios en habitaciones dobles con baño.

7. Precios en habitaciones dobles con lavabo.
    En las categorías de Hoteles de tres, dos y una estrella y hoteles y pensiones de tres, dos y una pueden existir otras habitaciones dotadas de medio baño y ducha con precios diferentes a los que figuran en Guía.
    El precio de la habitación individual oscila entre el 60 y el 70 por 100 del de la doble.

8. Precio del desayuno.

9. Precio de la comida o cena.
    El precio de la pensión alimenticia no puede ser superior al 85 por 100 del de la suma de los servicios sueltos (desayuno + comida + cena).
    Todos los precios son globales, incluyendo servicio e impuestos.

EJERCICIO

- **Diseñe un cuadro con estos signos distintivos de los servicios de hotel, dando el término exacto en su idioma.**

4.1. Eligiendo hotel

(Ver cuadro página de la derecha.)

EJERCICIOS

- **Elija uno de los hoteles para pasar una corta estancia en Barcelona y justifique el porqué de su elección, detallando los servicios.**

- **Escriba un diálogo entre el recepcionista de uno de los hoteles y un posible cliente, con preguntas y respuestas acerca de los servicios del mismo.**

CATEGORIA Y GRUPO	MODALIDAD	ESTABLECIMIENTO	OTRAS TEMPORADAS ALTAS	TEMPORADA ALTA MEDIA BAJA	Nº DE HABITACIONES	HABITACION DOBLE BAÑO	LAVABO	DESAYUNO	COMIDA O CENA
1	2	3	4	5	6	7	8	9	10
		C BARCELONA 🏛Ω🚲✈☒Ω🚐M🚲S🏊➕🚃🔍 ↑4↑ 1.754.900							
H ★★★★★		**Avenida Palace** ◉ S🏊✗☻🏧▥🗒🏖 Gran Vía, 605 ☎3019600 ☎54734 D. Juan Gaspart Bonet		1/ 1-31/12	211	6520		250	1550
H ★★★★★		**Diplomatic** ◉☎S🏊🍴☻🏧▥🗒🏖 Pau Claris, 122 ☎3173100 ☎0000054701 D. Luis Tusquets Berrondo		1/ 1-31/12	213	7750		500	1950
H ★★★★★		**Presidente** ◉☎S🏊🍴➕🚃☻🏖🔍 Avinguda Diagonal, 570 ☎2002111 ☎0000052180 D. Juan Tenas Calzada		1/ 1-31/12	161	6400		300	1350
H ★★★★★		**Princesa Sofía** ◉☎S🏊🍴⚓Υ✗🚐🐶🚃☻🏧▥🗒🏖🔍 Pza Papa Pío XII, s/n. ☎3307111 ☎51032sofie D. Luis García Méndez		1/ 1-31/12	505	9168		412	2128
H ★★★★★		**Ritz** ◉S🏧M⚓➕Υ✗🚃☻🏧▥🗒🏖 Gran Vía, 668 ☎3185200 ☎52739 D. Antonio Parés Neira		1/ 1-31/12	197	7780		460	2000
H ★★★★★		**Sarriá Gran Hotel** ◉☎S🏊➕🚃☻🏧▥🗒🏖 Avda Sarriá, 50 ☎2391109 ☎51638ghsbe D. Francisco de P. Orobitg		1/ 1-31/12	314	7500 6500		300	1500
HR ★★★★		**Arenas** ◉☎☻▥🗒🏖 Capitán Arenas, 20 ☎2040300 D. José L. Buch Solé		1/ 1-31/12	59	4700		250	
HR ★★★★		**Balmoral** ◉☎S🏊☻🏧▥🗒 Vía Augusta, 5 ☎2178700 D. José Ma Estany Volart		1/ 1-31/12	94	4630		295	
HR ★★★★		**Barcelona** ◉☎S🏊➕☻▥🗒🏖 Caspe, 1 a 13 ☎3025858 D. Javier Munt Banque		10/ 6-15/ 7 16/ 7- 9/ 6	63	6000 4750			
H ★★★★		**Colón** ◉🚗S🏊M➕✗🚐☻🎳🏧▥🗒🏖 Colonotel ☎3011404 ☎52654colon D. Francisco Ortiz Sánchez		1/ 1-31/12	161	4675		215	1075
HR ★★★★		**Condor** ◉☎S🏊➕🚃☻🎳🏧▥🗒🏖 Vía Augusta, 127 ☎2094511 ☎52925hocon D. José Vila-Ferran Piza		1/ 6-31/ 7 1/ 8-31/ 5	78	8000 4700		300	
H ★★★★		**Cristal** ◉☎S🏊☻🏧▥🗒🏖 Diputación, 257 ☎3016600 ☎0000054560 D. Jaime Coma Jordá		1/ 1-31/12	150	4500		200	1200
HR ★★★★		**Dante** ◉☎S🏊☻🎳▥🗒🏖 Mallorca, 181 ☎3232254 ☎0000052588 Dª. Rosa Blanque Villalonga		1/ 1-31/12	81	4200 4000		225	
HR ★★★★		**Derby** ◉☎🏊☻🎳🏧▥🗒🏖 Loreto, 21 ☎2393007 D. Rogelio Ruiz		1/ 1-31/12	116	5640		325	
HR ★★★★		**Europark** ◉☎S➕☻🎳▥🗒 Aragon, 325 ☎2579205 D. José Valles Marro		1/ 1-31/12	66	4000		275	
HR ★★★★		**Gran Hotel Calderón** ◉☎S🏊🍴🔍 Rambla de Cataluña, 26 ☎3010000 ☎515459 hoc D. Antonio Oliva García		1/ 1-31/12	244	6500		300	
HR ★★★★		**Gran Hotel Cristina** ◉S🏊🚃☻🎳▥🗒 Avda de la Diagonal, 458 ☎2176800 D. Ramón Domínguez Segura		1/ 1-31/12	123	3900		225	
H ★★★★		**Majestic** ◉🚗☎S🏊➕🚐☻🎳🏧▥🗒🏖 Paseo de Gracia, 70 ☎2154512 ☎52211 D. Santiago García Perea		1/ 1-31/12	350	6500		330	1650

("Guía de Hoteles". España.)

4.2. Reservas

jornada hotelera	La jornada hotelera se considera terminada a las doce horas.
código telegráfico hotelero para reserva de habitaciones	Para facilitar las reservas de habitaciones y para hacerlas claras y comprensibles se recomienda utilizar el código telegráfico internacional de hostelería de la forma siguiente:

ALBA	1 cuarto de una cama.
ALDUA	1 cuarto de una cama grande.
ARAB	1 cuarto de dos camas.
ABEC	1 cuarto de tres camas.
BELAB	2 cuartos de una cama cada uno.
BIRAC	2 cuartos de $2 + 1 = 3$ camas.
BONAD	2 cuartos de 2 camas cada uno.
CIROC	3 cuartos de una cama cada uno.
CARID	3 cuartos con $2 + 1 + 1 = 4$ camas.
CALDE	3 cuartos con $2 + 2 + 1 = 5$ camas.
CADUF	3 cuartos de dos camas cada uno.
CASAG	3 cuartos con siete camas.
DANID	4 cuartos de una cama cada uno.
DIROH	4 cuartos de dos camas cada uno.
EMBLE	5 cuartos de una cama cada uno.
ERCAJ	5 cuartos de dos camas cada uno.
FELAF	6 cuartos de una cama cada uno.
FERAL	6 cuartos de dos camas cada uno.
KIND	Cama de niño.
SAL	Salón.
BAT	Baño.
SERV	Cuarto para las domésticas.

Para determinar la calidad de las habitaciones:

BEST	Muy buena
BON	Buena
PLAIN	Ordinaria

La llegada deberá anunciarse:

	Por la mañana	Después de comer	Por la tarde	Por la noche
Domingo	POBAB	POLYP	RABAL	RANUV
Lunes	POCUN	POMEL	RACEX	RAPIN
Martes	PODYL	PONOW	RADOK	RAQAF
Miércoles	POGOK	POPUF	RAFIG	RATYZ
Jueves	POHIX	PORIK	RAGUB	RAVUP
Viernes	POJAW	POSEV	RAHIV	RAWOW
Sábado	POKUZ	POVAH	RAJOD	RAXAD

POWYS	Llegada esta mañana.
POZUM	Llegada después de comer.
RAMIK	Llegada esta noche.
RAZEM	Llegada esta tarde.
PASS	Permanencia de una noche.
STOP	Permanencia de más días.

En el caso de una anulación de habitaciones reservadas, se ruega anular las mismas inmediatamente, sirviéndose de una sola palabra, ANUL, seguida del nombre y dirección de la persona que hizo la reserva.

EJERCICIO

- **Su jefe le ha pedido que le haga una serie de reservas en distintos hoteles. Redacte los telegramas, empleando el código internacional.**

4.3. Mensajes y correspondencia

MENSAJE

Para el Sr. Laguna

Durante su ausencia

HA VENIDO

HA TELEFONEADO

El Sr. Martín-Ruiz

DIRECCIÓN
TELÉFONO: 729 10 00

DIJO QUE   Volverá a llamarle
Le llame usted
Regresará

MENSAJE: Asunto Motores

Fecha: 30 de octubre de 1984.   Hora: 16,00.

Aclaración sobre una cuenta

Muy Sres. míos:

En la cuenta de su hotel, en la columna "Resto", aparece la cantidad de . . . . Les rogamos nos expliquen en detalle a qué corresponde dicha cantidad.

En su cuenta observamos . . . . . .ptas. por lavado de ropa. Sin embargo, nuestro Sr. . . . . no dio a lavar ropa durante su **estancia.** Le rogamos que, en su próxima estancia en su hotel, le abonen en **cuenta** este importe.

Reciban un cordial saludo,

Solicitud de servicios o información sobre un hotel

EUROBUILDING HOTEL   Sevilla, 3 de julio de 1984
Dirección Comercial
Padre Damián, 23
28016 MADRID

Muy Sres. míos:

Para un **Congreso** en . . . . que durará tres o cuatro días necesitamos **alojamiento** adecuado, así como una Sala de Reuniones para unas . . . . personas. Les rogamos nos envíen sus **tarifas** con indicación de precios especiales. Asimismo, les rogamos nos informen de posibles servicios de coffee-breaks, cena de clausura y servicio de Secretaría.

Sin otro particular, reciban un saludo,

Muy Sr. mío:

Nuestra Empresa desea celebrar un **almuerzo** de trabajo en su hotel el . . . . con unas . . . . personas. Les rogamos que a este fin nos envíen un juego de menús, así como una lista de vinos.

En espera de su contestación, reciba un saludo,

Estimados Sres.:

Nuestra firma proyecta una Reunión de Representantes a principios de . . . .

Para ello precisamos:

. . . . . . habitaciones individuales

. . . . . . habitaciones dobles

Todas ellas con baño o ducha. Desde el día . . . . hasta el día . . . . . .

Deseamos que todos los participantes se alojen en la misma planta, a ser posible.

Les rogamos que nos informen de los precios de las habitaciones, con desayuno, incluidos todos los gastos.

El . . . . . . queremos celebrar una cena para unas . . . . **pax.** Nos gustaría recibir sus sugerencias, respecto a los **menús**, **vinos** y algún espectáculo.

Muy atentamente,

Respuestas

Estimado Sr.:

Mucho le agradecemos su solicitud del . . . .

Tenemos el gusto de ofrecerle para su **grupo** desde el . . . . hasta el . . . . . . el número de habitaciones que nos ha solicitado (. . . . . dobles/ . . . . individuales), al precio neto de . . . . por persona, por día, incluyendo desayuno, ... por 100 de servicio e impuestos. Por cada 20 pax tiene derecho a una **gratuidad.**

Todas nuestras habitaciones tienen baño y ducha, servicios sanitarios, teléfono, radio y televisión, así como caja de seguridad y refrigerador. La utilización de la piscina es gratuita para nuestros clientes. Le rogamos que al hacer la reserva en firme, antes del . . . . , nos gire a cuenta el importe de . . . . ptas.

En espera de su pronta confirmación, le aseguramos que haremos todo lo posible para que tanto usted como sus huéspedes pasen unos días agradables.

Muy atentamente,

Estimados Sres.:

Les agradecemos mucho su solicitud del .... Lamentablemente, en la fecha que ustedes nos indican no podemos atender su petición, ya que tenemos reservados muchos grupos y no disponemos de suficientes habitaciones y de salas de reunión.

No obstante, una semana después, es decir, desde el .... hasta el .... les podemos ofrecer los servicios que ustedes precisan. El precio de las habitaciones es .... por persona, por día. Este precio incluye habitación, desayuno, ... por 100 e impuestos. También podemos ofrecerles una Sala de Conferencias con capacidad para .... personas. Precio por día ......

Nos alegraría poder acoger su Congreso en nuestro hotel. En espera de sus noticias al respecto.

Muy atentamente,

EJERCICIOS

- **Escriba uno de los siguientes diálogos:**

  a) **Hacer una reserva por teléfono para unas vacaciones (obteniendo información del hotel, tipo de habitación, duración de la estancia, forma de pago).**

  b) **Pedir información y solicitando la reserva de:**
  - **Una visita de la ciudad, con espectáculo.**
  - **Información y alquiler de un coche (con/sin conductor) (que hable idiomas).**
  - **Horario de trenes y aviones.**

Salón Embajadas

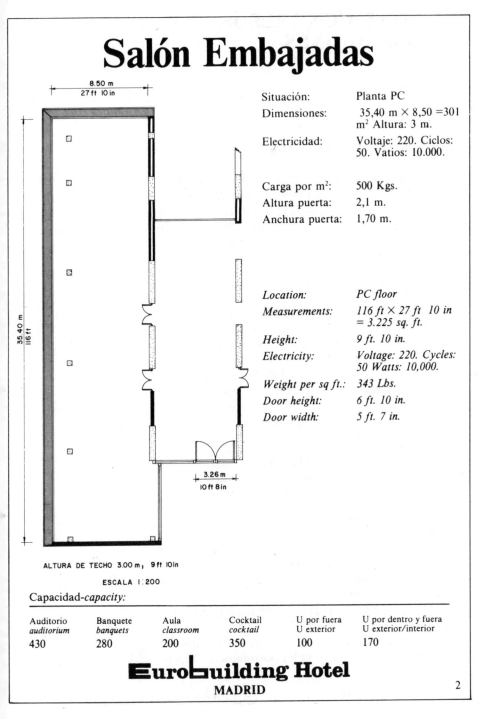

8.50 m
27 ft 10 in

35.40 m
116 ft

Situación:	Planta PC
Dimensiones:	35,40 m × 8,50 =301 m² Altura: 3 m.
Electricidad:	Voltaje: 220. Ciclos: 50. Vatios: 10.000.
Carga por m²:	500 Kgs.
Altura puerta:	2,1 m.
Anchura puerta:	1,70 m.

Location:	*PC floor*
Measurements:	*116 ft × 27 ft 10 in = 3.225 sq. ft.*
Height:	*9 ft. 10 in.*
Electricity:	*Voltage: 220. Cycles: 50 Watts: 10,000.*
Weight per sq ft.:	*343 Lbs.*
Door height:	*6 ft. 10 in.*
Door width:	*5 ft. 7 in.*

3.26 m
10 ft 8 in

ALTURA DE TECHO 3.00 m ; 9 ft 10 in

ESCALA 1:200

Capacidad-*capacity:*

Auditorio *auditorium*	Banquete *banquets*	Aula *classroom*	Cocktail *cocktail*	U por fuera U exterior	U por dentro y fuera U exterior/interior
430	280	200	350	100	170

Eurobuilding Hotel
MADRID

2

5. FERIAS, CONGRESOS, EXPOSICIONES

5.1. Organización de una Feria

A la hora de comenzar la preparación de una **Feria**, los organizadores habrán de tener en cuenta una serie de *factores* y hacer un análisis respecto al número de visitantes, procedencia y *capacidad adquisitiva* de éstos. Así como el volumen de **contratación** de años anteriores.

elementos, causas
posibilidad de compra

A partir de este análisis se procede al estudio de la superficie media que podrían ocupar los **stands** de las empresas y entidades que *concurrirían* en la presente Feria, teniendo en cuenta las empresas que lo hicieron en *ediciones* anteriores, y los productos y servicios exhibidos. A continuación se hace el proyecto preliminar con el **presupuesto** inicial de los costes, el número de empleados que exigirá y los departamentos de los organismos oficiales *implicados* en dicha Feria, con vistas a iniciar una toma de contacto para iniciar una coordinación.

se juntarían a un mismo tiempo diferentes hechos o cosas
ocasiones, momentos

contenidos, afectados

En cuanto a los participantes en una Feria, una vez *adoptada la decisión* de concurrir por parte de una empresa los puntos que habrá de tener en cuenta son:

tomado el acuerdo

1) Redactar un plan de acción.
2) Crear un equipo operativo.
3) Preparar y motivar al personal de la empresa que va a participar en la Feria.
4) Crear los *canales* de comunicación y coordinación interdepartamentales.

vías, medios

5) Informar a todo el personal de la empresa acerca de la participación de la misma en dicho *evento*.

acontecimiento, suceso

6) Poner en práctica cada uno de los puntos del programa, teniendo en cuenta las posibilidades de *modificación*.

cambio

La función primordial del equipo operativo será la

PROGRAMA GENERAL DE ACTIVIDADES

Domingo 5 de febrero

10,00-20,00: I Exposición Internacional del Cartel de Turismo y de Bibliografía Turística. Con la colaboración de la Secretaría General de Turismo, Instituto Catalán de Cooperación Iberoamericana, Onete, Fijet, Aedet y Claptur.

10,00-14,00: IV Muestra Internacional del Cine Turístico. Presentación Mallorca (Baleares). "El mundo de Hoteles Agrupados" (Hotasa). "Así es Radio Nacional de España" (Radio Nacional de España). "Alemania, tesoro de arte" (República Federal Alemana). "Alemania, punto de encuentro" (República Federal Alemana).

"El Mundo de Hoteles Agrupados" (Hotasa). "Así es Radio Nacional de España" (Radio Nacional de España).

12,00-13,00: IV Festival Folklórico de los Pueblos del Mundo. Brasil: actuación folklórica.

16,30-20,00: IV Muestra Internacional de Cine Turístico. "Imagen del Brasil" (Brasil). Turquía (Turquía). Presentación Mallorca (Baleares). "Operación Transáfrica en Camión" (Trekking y Aventura). Proyección México (México). "El Mundo de Hoteles Agrupados" (Hotasa). "Así es Radio Nacional de España" (Radio Nacional de España).

17,00-17,30: IV Festival Folklórico de los Pueblos del Mundo. Cuba: actuación folklórica.

19,00-19,30: Rumania: cantantes folklóricos de Transilvania, "Los hermanos Petreus".

20,00: Espectáculo de la Escuela Andaluza del Arte Ecuestre en la carpa instalada en la antigua pista de exhibiciones.

El importe del ticket de entrada a FITUR es deducible del precio de entrada a dicho espectáculo.

Patrocinado por la Junta de Andalucía y la Diputación Provincial de Cádiz.

---

situación

moderado
adaptar, acostumbrar

reunión, concurso

acto de hacer un balance

hacer comentarios personales

de, en primer lugar, elegir personalmente el lugar de *emplazamiento* del **stand,** elegir los profesionales adecuados para la decoración del mismo, y que éstos sigan las indicaciones que se les ha dado, procurando elegir siempre el diseño más *sobrio* y sencillo. *Familiarizar* lo más posible a todo el equipo con el stand, los objetivos que se persiguen, responsabilizándolo de la **imagen** de la empresa que se quiere ofrecer.

Pero, además, una vez finalizado el *certamen,* la misión del equipo no ha terminado todavía porque deberá elaborar (o bien el Departamento de Relaciones Públicas de la Empresa) un informe detallado con la *valoración* de la participación en dicho certamen.

Para ello es conveniente reunir a todo el equipo y *tener un cambio de impresiones,* al mismo tiempo que se le agradece su colaboración. Posteriormente se re-

95

dacta un comunicado para todos los departamentos de la empresa, agradeciéndoles su colaboración y comentándoles el resultado de la participación en el certamen. Y finalmente, se redacta el informe para la Dirección General, pero limitado al *ámbito* de competencia, adelantando una valoración *respecto a* los objetivos *globales* que se pretendían.

espacio comprendido dentro de unos límites
sobre, acerca de
en su totalidad

IBERMODA	XIV Salón Internacional de la Moda Masculina		**TECNOVA**	Salón Nacional de la Innovación Industrial y de la Tecnología
MEN'S FASHION	28-30 setiembre		**NEW TECHNOLOGIES**	6-10 noviembre
TEM84	II Salón Internacional de Técnicas y Equipamientos Municipales			II Salón de Subcontratación (Internacional)
MUNICIPAL EQUIPMENT & TECHNIQUES	1-5 octubre		**SUBCONTRACTING**	6-10 noviembre
	VII SEMANA DEL CALZADO		**S.i.m.o.**	XXIV Feria de Muestras Monográfico Internacional de Equipos de Oficina y de la Informática
FOOTWEAR	12-14 octubre		**OFFICE EQUIPMENT**	16-23 noviembre
	Salón Internacional de la Electrificación, Sectores Industriales (Matelec y Exposol)		**feriarte**	VIII Exposición del Anticuario Español
INDUSTRIAL ELECTRICAL & SOLAR ENERGY EQMT.	16-21 octubre		**ANTIQUES FAIR**	29 noviembre/9 diciembre
	XVI Salón Nacional de la Marroquinería, Artículos de Viaje, Confección en Piel e Industrias Conexas		**juvenalia!**	V Festival de la Infancia y la Juventud
IBERPIEL LEATHER GOODS	octubre-noviembre		**YOUTH FESTIVAL**	26 diciembre/5 enero-85
TURIVER'84	Feria de Turismo, Equipos y recursos de Invierno y de Montaña (Internacional)			
WINTER & MOUNTAIN TOURISM & SPORTS	31 octubre/4 noviembre			

EJERCICIOS

- **A la vista de lo que ya sabe sobre la organización de una Feria, elija una de estas Ferias donde su empresa va a acudir como expositor y redacte un esquema de actuación y preparación.**

- **Elija otra Feria y escriba sus conclusiones y valoraciones respecto a la organización de la misma.**

5.2. Organización de un Congreso

En la organización de un Congreso podemos señalar varias fases:

1) Elección de la **sede** del Congreso.
2) Promoción del Congreso.
3) Apertura e Inauguración Oficial.
4) Conclusiones del Congreso.

5.2.1. Datos de la sede del Congreso

ASPECTOS TECNICOS				
Salas de reunión	Capacidad	Sonorización	Traducción simultánea	Proyección
Gran auditorio	1.790 (832 con mesa de trabajo plegable)	Megafonía-control de sonido y grabación	Seis canales, sistema alámbrico.	Tod-Ao, 35, 16, S8, 8 mm, diapositivas y demás aparatos audiovisuales.
Pequeño auditorio (Estos dos auditorios pueden transformarse en una sala con capacidad total de 2.604)	814	Megafonía-control de sonido y grabación	Seis canales, sistema alámbrico.	16, S8, 8 mm. y diapositivas y demás aparatos audiovisuales.
Sala 1	230	Megafonía-control de sonido y grabación	Seis canales, sistema alámbrico.	16 S8, 8 mm., diapositivas y demás aparatos audiovisuales.
Sala 2	150	Megafonía-control de sonido y grabación	Cinco canales, sistema alámbrico.	16, S8, 8 mm., diapositivas y demás aparatos audiovisuales.
Sala 3	70	Megafonía-control de sonido y grabación	Tres canales, sistema alámbrico.	16, S8, 8 mm., diapositivas y demás aparatos audiovisuales.
Sala 4	70	Megafonía-control de sonido y grabación	Tres canales, sistema alámbrico.	16, S8, 8 mm., diapositivas y demás aparatos audiovisuales.
Sala 5	50	Megafonía-control de sonido y grabación	Dos canales, sistema alámbrico.	16, S8, 8 mm., diapositivas y demás aparatos audiovisuales
Sala 6	200	Megafonía-control de sonido y grabación	Sobre pedido	16, S8, 8 mm. diapositivas y demás aparatos audiovisuales.
Sala 7	50	Megafonía-control de sonido y grabación	Sobre pedido	16, S8, 8 mm., diapositivas y demás aparatos audiovisuales.

Hall de recepción e **información,** servicio de correos, telégrafos, **telex,** banco, **agencia** de **viajes, estanco,** stand periódicos, guardarropas, casilleros, oficina, **líneas aéreas,** servicio médico, teléfonos públicos, laboratorio fotográfico, imprenta, reproducción de documentos, seis locales para tiendas, circuito cerrado TV, megafonía en todo el edificio, dos cafeterías, restaurante para 400 personas, salón de banquetes para 1.300 personas. Los dos *auditorios* pueden funcionar conjuntamente, formando una unidad para 2.604, el *escenario* está previsto y preparado para espectáculos y conciertos sinfónicos. *Camerinos* y salas de ensayo, sala de secretariado de Congresos con despachos de presidencia y secretaría y sala de juntas, despachos para delegados y delegaciones, despachos para periodistas, estacionamiento de autobuses en el *sótano* y aparcamiento subterráneo (900 vehículos), salón de exposiciones de 1.200 m².

sala principal de reunión

parte del teatro donde se coloca el decorado y se representa la obra
lugar donde se visten los actores

pieza subterránea en un edificio

EJERCICIO

- **Le han encargado que comience las gestiones para organizar una Conferencia Internacional. Escriba a este Palacio de Congresos solicitando un presupuesto (número de participantes, distintos servicios, traducción simultánea en cuatro idiomas, despachos de delegaciones, Secretaría del Congreso, número de azafatas, etc.)**

Palacio de Congresos y Exposiciones. Madrid

5.2.2. Promoción del Congreso

A lo largo del período de preparación del **Congreso** se debe mantener constantemente informados a los posibles **congresistas.** E igualmente establecer contactos con las revistas y *periodistas* especializados en el tema del Congreso. Para ello se pueden establecer dos cauces de **información,** principalmente:

que escriben en los periódicos

— A través de los *medios de comunicación social.*
— Publicidad directa.

prensa, radio y televisión

En el primer caso se lleva a cabo a través de anuncios en la prensa, presentando a los tres máximos responsables, la ciudad y el lugar de la celebración. Posteriormente se anuncia la *apertura* de dicho Congreso, y a lo largo del mismo se redactan comunicados acerca de las conclusiones y *debates* de las sesiones.

acto de dar principio

discusiones sobre un tema

En el caso de la publicidad directa se realiza la promoción mediante varios envíos *postales* en los que se incluye información sobre los participantes, conferenciantes, aspectos de la ciudad en la que va a tener lugar, **cuotas de inscripción** e información sobre hoteles. Para ello se puede editar un periódico, que se pueda remitir por **correo,** en el que se van dando noticias sobre los **miembros** de **honor,** los **ponentes** y conferenciantes, el **programa** para congresistas y el programa para *acompañantes.*

por correo

los que van en compañía de otro

5.2.3. Apertura e inauguración oficial

El día antes de la inauguración del Congreso la **Secretaría** del mismo atiende la llegada de los participantes en el mismo. A cada congresista se le hace entrega, como mínimo, de la siguiente **documentación:**

especie de cartera para guardar documentos pluma de tinta de secado rápido y una pequeña bola para escribir

— Una *carpeta* en la que figure el anagrama del Congreso y su nombre y apellido, *bolígrafo,* un block de papel en blanco y la tarjeta de identificación del congresista.

— Un Programa del Congreso, con las conferencias y ponencias.

— Las *invitaciones* para los distintos actos del Congreso.

tarjetas con las que se invita

— La lista de las personalidades responsables del Congreso, con el nombre y apellidos, dirección y teléfono de las mismas.

— Lista de congresistas por orden alfabético, con nombre, apellidos y dirección de origen.

— Otra información de interés (plano de la ciudad, folletos turísticos, *muestras* de productos).

pequeñas cantidades de un producto que sirve para conocerlo

Es conveniente que desde el día antes de la inauguración del Congreso haya en el hotel o lugar donde éste vaya a tener lugar un *panel* de *cajetines,* donde *figuren* los nombres de los congresistas, en el que se pueda *depositar* la documentación que se vaya produciendo y donde se pueda dejar **mensajes** a lo largo de la celebración del Congreso.

pequeños compartimentos estén escritos

entregar a uno una cosa

EJERCICIO

- **Describa las siguientes personas, lugares u objetos empleando un relativo:**

  — **secretaría**
  — **bolígrafo**
  — **apellido**
  — **folleto turístico**
  — **congresista**
  — **dirección personal**
  — **plano de la ciudad**

5.2.4. Conclusiones y clausura del Congreso

Un Congreso no termina el día de su *clausura*, puesto que hay que elaborar las conclusiones del mismo, fruto del esfuerzo realizado. Al terminar el Congreso, el Presidente, el Secretario General y los demás miembros *designados* al respecto forman una **comisión** que se *encarga* de redactar dichas conclusiones, remitirlas a cada asistente al Congreso y redactar una

acto de poner fin

elegidos
a la que se confía la redacción

nota para los medios de comunicación social, a los colegios y asociaciones correspondientes. Asimismo, esta Comisión Post-Congreso deberá elaborar un informe de la gestión realizada, que se presentará en el próximo Congreso que se *celebre*.

tenga lugar

En el acto de clausura del Congreso se hace entrega a los participantes en el mismo de un *certificado* que *acredite* dicha participación, y generalmente se celebra la votación o *deliberación* para elegir la ciudad sede del Congreso siguiente.

documento que da por cierta una cosa
hace digno de crédito
consideracion del pro y el contra

(Resumen de "Manual Práctico de Relaciones Públicas". Fernando Lozano.)

Terminó el I Congreso Mundial de Caza en Madrid

Madrid

Finalizó el I Congreso Mundial de Caza que durante esta semana se ha venido realizando en un hotel madrileño con la participación de los más cualificados especialistas en los temas cinegéticos y la presencia de las organizaciones de caza más importantes del mundo. Un gran número de países han contado con representación y en los tres simposios desarrollados se ha analizado la situación de la caza en los distintos continentes y se han tratado numerosos aspectos de la conservación de la Naturaleza.

Seminarios paralelos, películas y exposiciones trataron de explicar y analizar el mundo cinegético y próximamente se harán públicos los acuerdos conseguidos y las vías de actuación y solución presentadas. Madrid se despide así de un Congreso que por primera vez en la historia ha intentado aunar criterios y estudiar a conciencia este mundo y sus repercusiones sociales, económicas, comerciales, ecológicas, etc. Estados Unidos será, según lo previsto, la sede del próximo Congreso, que tendrá lugar en 1987.

("ABC", 28-10-84.)

EJERCICIO

— ¿Cuánto tiempo ha durado este Congreso?
— ¿Quiénes han participado en él?
— ¿Cuál era el objetivo del Congreso?
— ¿Cómo se ha llevado a cabo el análisis?
— ¿Dónde se celebrará el próximo Congreso?

DEBATE: Sobre el deporte de la caza.

6. DOCUMENTACIÓN EN TURISMO

6.1. Mapas

La Cartografía es el arte de *trazar* cartas geográfi- *acción de describir, di-*
cas o **mapas.** La Carta o Mapa es la representación, *bujar*
sobre un plano, de una parte de la tierra. Se da la denominación de cartas a las empleadas en navegación
y portulanos a los que abarcan las costas con puertos
o *fondeaderos.* Las colecciones de mapas reciben el *parajes de profundidad*
nombre de **atlas.** Los mapas y las cartas van cruzados *suficiente para una*
por meridianos y paralelos que proporcionan las coor- *embarcación*
denadas para situar un punto sobre el plano. Se deno-
mina mapa *mudo* aquel que no tiene escritos los nom- *que no puede hablar*
bres de los reinos, provincias, ciudades, etcétera.

Datos geográficos de España:

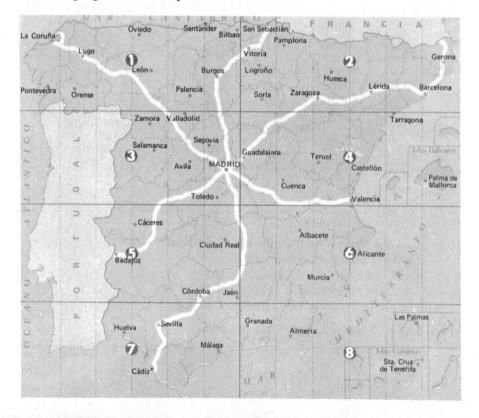

España ocupa las cuatro quintas partes de la Península Ibérica, situada en el extremo S. O. del continente europeo. Sus límites naturales con Francia están determinados por la Cordillera Pirenaica; los límites con Portugal, fuera de algunas zonas *fluviales*, son completamente tradicionales. Todo el *litoral* N. de España está bañado por el Mar Cantábrico; el NO. y el SO., por el Atlántico; el Meridional y Oriental, por el Mediterráneo. De la extensión total de la Península (583.500 km²), España ocupa 492.247 km², siendo, por extensión, la tercera nación de Europa, sin incluir en estas *dimensiones* las **islas** Baleares y Canarias.

Podemos considerar que, *aparte* de Suiza, no hay país en Europa tan macizo, alto y cerrado como el que presenta el *relieve* ibérico. Cerca de 100.000 km² de su territorio se hallan por encima de los 1.000 m de *altitud*. Madrid es la capital de Europa situada a mayor altura.

Respecto al **clima** podemos decir que es tan variado como su naturaleza. Desde las zonas de máxima *precipitación* europea: **Sierra** de Grazalema, Sierra de la Estrella y **Valle** de Elizondo y Vera de Bidasoa, junto a las de máxima *aridez* y sequedad en el SE. de Almería.

La climatología española por regiones es la siguiente:

1) La Meseta: clima continental, temperaturas extremas, lluvias *escasas*.

2) Cantabria: clima tipo marítimo europeo. Vientos oceánicos. **Inviernos** y **veranos** suaves. Lluvia abundante.

3) *Cuenca* del Ebro: clima parecido al de la Meseta. Grandes vientos muy secos, lluvia escasa.

4) Cuenca Bética: clima casi africano, inviernos *templados* y veranos fuertes, lluvia escasa.

5) Región Mediterránea: Clima subtropical, vientos africanos, lluvias escasas, temperaturas *benignas*.

correspondiente a un río

perteneciente a la costa del mar

medidas

a excepción de

lo que resalta sobre un plano

altura

lluvia

seco, estéril

pocas, limitadas

extensión de tierra regada por un río

ni frío ni calor

suaves

6.1.1. Mapas de carreteras

Son aquellos que facilitan al viajero toda una serie de información *respecto al* itinerario que va a recorrer.

en relación con

L E Y E N D A

POBLACIONES

Capitales .... ☙ AVILA
Partidos Judiciales .... ⊚ Zafra
Ayuntamientos .... ○ Borbón

Pueblos, aldeas, lugares .... ○ Arroba
Ayuntamientos y pueblos importantes .... ○ Artá
Entidades histórico-artísticas .... ○ Buñol

CARRETERAS

Construida   En cons.   En proyecto

Autopistas ....
Nacionales Radiales, 1er orden III
Nacionales, 1er orden N-624
Comarcales, 2º orden C-342

Locales 3er orden ....
Grandes itinerarios internacionales ......
Distancias en Km. ....
Puertos de montaña ....

F.C. Y OTROS TRANSPORTES

Ferrocarriles ....

Aeropuerto ....
Puertos de pasaje ....

DEPORTIVOS

Parques Nacionales o Reserva de caza ...
Náuticos ....

De nieve ....
Estaciones de invierno con instalaciones
y Albergues ....

TURISTICOS

Alojamientos del   Paradores ......
Mº de Inform.   Albergues ......
y Turismo.   Refugios ......
                  Hosterías ......
                  Hoteles ......

Alojamientos colaboradores ....
Albergues de montaña ....
Balnearios ....
Vista panorámica ....
Camping ....

Y OTROS DE INTERES

Ruinas ....
Castillos ....
Monumentos ....
Catedrales ....
Canales y Acequias ....
Marismas ....
Límites de provincia ....
Límites de región ....
Límites de frontera ....

Monasterios ....
Iglesias, Capillas, Colegiatas ....
Cuevas prehistóricas o naturales .....
Faros ....
Limitaciones para el   Altura ......
transporte pesado.   Anchura ......
                Peso ......
Aduanas españolas y extranjeras ......
Vértices geográficos .... Ara △ 1178

Escala 1:750.000
1 cm. en el plano = 7,5 Km. en el terreno

CARTOGRAFIA PIRELLI   C. S. G. Nº 313

- Con ayuda de un mapa de carreteras prepare un itinerario, estudiando todas las dificultades que puede encontrar a lo largo de éste (puertos de montaña, tipos de carretera, obras, etc.) y las comodidades, servicios y puntos de interés (hoteles, restaurantes, lugares pintorescos y monumentos).

6.2. Planos

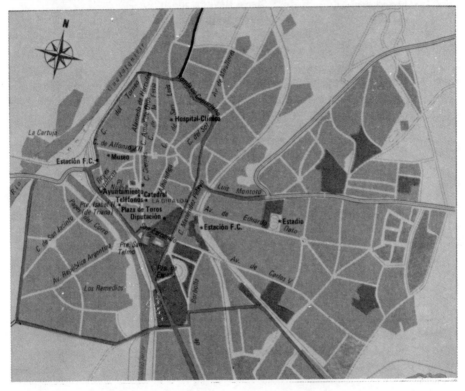

- Localice rápidamente los monumentos más importantes de Sevilla: Catedral, la Giralda, La Cartuja, La Diputación, etc., y diga cuál es el itinerario más lógico para visitarlos todos.

- Organice un paseo para por la tarde, recorriendo los barrios y calles más típicos de Sevilla.

GRANADA - 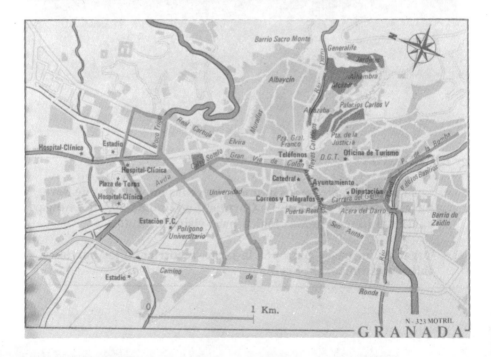 958 - h. 190.500, alt. 682 m. 34-A-4

Distancias:	Madrid 432, Málaga 126, Murcia 284, Sevilla 256.
Visitar:	● ● Emplazamiento. ●●●● Alhambra s. XIV). Casa Real. Torres. ● Alcazaba: Torre de la Vela; ●● Palacio de Carlos V: ● Museo Hispano-Musulmán; Museo Bellas Artes. ●●● Generalife: Patio de la Acequia, ●● Catedral: Capilla mayor, ● Capilla Real: ●● Sepulcro Reyes Católicos; ●● Albaizín: ● Terraza de la Iglesia de San Nicolás. ● Cartuja s. XVII. ● Museo Arqueológico. Antiguo Ayuntamiento s. XVIII «La Madraza». Alcaicería, Hospital Real s. XVI.
Alrededores:	●● **Sierra Nevada** 55 km.
	Santafé 12 km.: Arcos s. XV.
	Gabia la Grande 7 km.: ● Hipogeo romano s. IV.
	Montefrío: Castillo s. XV-XVI. Peñas de los Gitanos: Hipo-Nova (ciudad ibérica, dólmenes).
Fiestas:	Semana Santa y El Corpus. Junio: Festival Internacional de Música y Danza. Plaza de toros.
Oficina de Turismo:	Casa de los Tiros. ● 22 10 22.
	Aeropuerto a 18 km.
Restaurantes:	R ΨΨΨΨ Sevilla. Oficios, 12. ● 22 44 04. ● ●. Habas con jamón, rabo de toro. Amplia bodega. ● AE V E.
	R ΨΨΨΨ Torres Bermejas. Plaza Nueva, 5. ● 22 24 22. ● ●. Ensalada Aben-humaya. Steack Alhambra. Vino: de la Alpujarra y Rioja. ●.
	ΨΨΨ Colombia. En la Alhambra. ● 22 74 33-34. ●. Platos típicos. ● AE D V E.
	ΨΨΨ La Alcaicería. La Alcaicería. ● 22 43 41. ●. Sopa

┌─ **EJERCICIO** ───┐

• **Las fiestas sevillanas y granadinas son famosas por su colorido y vistosidad. De ellas hay que destacar las de la Semana Santa. Prepare un viaje a estas dos poblaciones españolas, con ayuda de guías y folletos de turismo.**

└───┘

6.3. Guías turísticas

fundamentales

aspecto exterior de las cosas

relacionado con el arte del bien comer

hábitos

Presentan un resumen de datos prácticos *esenciales* para el viajero. En ellas aparece recogida la *fisonomía* de un país desde el punto de vista geográfico, histórico, artístico, folklórico, *gastronómico,* etc., y la fisonomía de cada región, sus *costumbres,* datos peculiares.

emplear útilmente

estampas o dibujos que adornan

Generalmente presentan varios **itinerarios** estudiados de forma que se *aproveche* al máximo todas las posibilidades que ofrece una región. Todo ello acompañado de *ilustraciones* (**fotos,** mapas, planos, esquemas, etc.).

manera de aparecer una persona o cosa

También son de gran utilidad los **folletos** de turismo, publicados por la Dirección General de Promoción del Turismo, que recogen los datos más importantes de una región, de una población o de un *aspecto* artístico o folklórico.

toledo y el greco

Hacia el año 1577 llega a Toledo el pintor Dominico Theotocópuli, «El Greco». Su encuentro con los horizontes atormentados, con su magia y su misterio, supone un acontecimiento para el arte español. El pintor descubre las ocultas ataduras que lo ligan definitivamente a la mágica ciudad como por un extraño encantamiento. Desde entonces, en esa isla varada en la horizontal geográfica castellana, El Greco pinta, dejando en Toledo su mejor arte, su presencia y su ausencia. Las mejores obras del pintor cretense quedan en la ciudad y su provincia, que se convierten en museo de sus pinturas. Toledo muestra con orgullo la obra magistral de El Greco, el visionario, absolutamente identificados la ciudad y el hombre. Muy cerca de donde se hallaba la vivienda del pintor se levanta la Casa y Museo de El Greco, con una importante colección de obras suyas, entre las que destaca «La vista de Toledo».

Fragmento del cuadro de El Greco
"Entierro del Conde de Orgaz"

("Folleto de Toledo". Dirección General de Promoción del Turismo.)

107

Pero si queremos *profundizar* más en el aspecto artístico que ofrece un país tenemos que recurrir a guías más especializadas, como son las guías de los **Museos** y los *tratados de arte*.

examinar atentamente

libros que tratan de arte

VENTANAS ABIERTAS A LA REALIDAD

"Las Meninas". El arte del retrato llega aquí a una culminación de *lo informativo,* ni antes alcanzada ni vuelta a alcanzar. Cuando hemos visto esta obra, lo sabemos todo sobre las *criaturas* que en ella siguen viviendo. Una *síntesis* de elementos tan perfecta, que en ella el contemplador parece a punto de alcanzar aquel don atribuido al *Ser Supremo* por la teología: verlo todo en un acto único, de una vez.

que informa

seres, personas
composición de un todo por la reunión de sus partes
Dios

"Las Hilanderas". Pintar, lo que se llama pintar, jamás pudo hacerse mejor. No hemo exceptuado para "Las Hilanderas" el título de retratos plurales que antes dábamos a las composiciones de esta sección. En efecto, aunque aquí el *parecido* de los rostros, de las *nucas* o de las piernas de las *mujerucas* obreras no importa, un nuevo personaje ha entrado en el aprecio de la sensibilidad, con entrar en el de la pintura: alguien, en cuya reproducción debemos ya exigir garantías de autenticidad. Este personaje —de *dilatado* porvenir romántico— se llama "el *ambiente*".

semejanza
parte superior de la cerviz
mujeres

extenso, amplio
lo que rodea a personas o cosas

("Tres horas en el Museo del Prado". Eugenio D'Ors.)

6.4. Estilos artísticos en España

*líneas y características
más significativas*

señalar, nombrar

Ejercicio práctico: de los estilos artísticos que a continuación se detallan, haga un estudio *esquemático*, con las características esenciales para poder señalar más tarde a qué estilo pertenecen los monumentos que se van a *mencionar*.

— Visigodo
— Asturiano
— Mozárabe
— Árabe
— Mudéjar
— Románico

— Gótico
— Renacimiento
— Barroco
— Neoclásico
— Romántico
— Siglo XX

Monumentos

— La Universidad de Salamanca
— Palacios Reales de Madrid y de La Granja
— San Pedro de la Nave (Zamora)
— Santa María del Naranco
— San Juan de Duero (Soria)
— Palacio de Carlos V (Granada)
— **Catedral** de Barcelona
— La Catedral de Toledo
— **Monasterio** de Poblet
— San Miguel de Escalada
— Catedral de Santiago
— **Mezquita** de Córdoba
— **Parque** Güell
— San Francisco El Grande (Madrid)

7. DE INTERÉS TURÍSTICO EN GENERAL

7.1. Artesanía. Recuerdos

Resulta muy difícil hacer un resumen de la **artesanía** española, dada su riqueza y variedad. Por ello vamos a intentar hacer un *recorrido* rápido por lo que podríamos considerar Feria de la Artesanía Española.

examen, estudio

La Artesanía es uno de los principios culturales de la Humanidad, en la que van unidos artesanos y comunidad. En pleno siglo XX sigue siendo una manifestación cultural *en expansión*. La Artesanía, como asociación, dio lugar a lo que llamamos *gremios,* cuyo comienzo parece ser que fue en la Grecia Antigua. Pero el gran *esplendor* de los gremios tuvo lugar en la Edad Media y terminó en la Moderna, debido a la revolución industrial.

crecimiento
tipo de asociación profesional
momento máximo

En España existieron gremios importantes, entre los árabes, en Córdoba, Sevilla, Granada, Valencia y en otras ciudades, en las que existen **calles** con nombres de oficios.

En un principio, los gremios, *dependían* de los municipios, y a principios del siglo XII la reglamentación de estas asociaciones era detalladísima para precio y calidad.

estaban subordinados o necesitaban de

En Madrid adquirieron gran importancia los llamados cinco gremios mayores: tejidos, mercería, paños, especiería, droguería, oro, plata y lienzos. Cada gremio tenía *estipulado* lo que podía vender y cómo.

señalado, marcado

En la actualidad se sigue conservando la artesanía de nuestros *antepasados* que, generalmente, se ha convertido en un motivo más de interés para los viajeros que desean llevarse un **recuerdo** del país que visitan.

ascendientes

110

Empezaremos por:

*la que puede ser trans-
formada*

Muebles de madera: la *materia prima* más utilizada por los hombres para la fabricación de cientos de objetos útiles y decorativos como utensilios domésticos, de trabajo, de calzado, imágenes religiosas, instrumentos musicales, recipientes.

cocción

elementos

Alfarería: O el oficio de trabajar el barro, siempre que la pieza haya tenido una sola *cochura*, es decir, que haya pasado por el horno solamente una vez. Es bien conocida la gran variedad de la alfarería española, por las diferentes arcillas, técnicas, *motivos* decorativos y formas de cada región.

*máquina en que por me-
dio de una rueda se
hace que algo dé
vueltas*

Cerámica: Las piezas de cerámica popular española suelen trabajarse también *a torno,* recibiendo un baño de engobe (vidriado estannífero) antes de pasar al horno. Tradicionalmente se utilizó el horno árabe, pero en la actualidad se emplea el horno de gas y eléctrico.

artesanía arte del pueblo

111

Metales: Se dice que el arte de trabajar el hierro es el oficio artesano español *por excelencia.* Cuentan las crónicas que los romanos conquistadores de la península *se deshacían* de sus **espadas** para adoptar la "falcata ibérica" dada la perfección técnica alcanzada por este pueblo en la *manipulación* del hierro. Este prestigio se renueva años más tarde, con la espadería toledana o la *rejería* popular artística.

que sobresale

abandonaban

trabajo con las manos

labor de rejas

Orfebrería: La riqueza natural de España en metales nobles atrajo, desde la antigüedad, a los pueblos interesados en el arte de la joyería. Los tesoros de las distintas civilizaciones (tartésica, ibérica, fenicia, visigótica, etc.) son una buena demostración de la perfección alcanzada. Toledo mantiene todavía la producción del **damasquinado.** Córdoba las labores de **filigrana.** Santiago de Compostela es el primer centro mundial en trabajar el *azabache.*

variedad de lignito

Piel: Se ha convertido en un material indispensable en muchos objetos de uso personal, piezas de decoración o para *aparejos* de animales de carga y montura debido a las características de la piel de los animales.

arreos de las caballerías

Merece mención especial la producción de cordobanes de cuero *repujado* y policromado, de origen musulmán. Así como la fabricación de botas y pellejos para contener y transportar el vino.

trabajado con martillo

Textil: El **bordado** constituye una de las manifestaciones artesanas más popular en España. Por lo general se realiza en el ámbito familiar de nuestro medio *rural* y cada región mantiene, afortunadamente, una personalidad diferenciada *en función* de la técnica, color y motivos empleados.

agrícola, del campo
dependiendo de

También es muy notable la elaboración manual de **alfombras** de lana y los tradicionales **tapices,** que se siguen confeccionando únicamente en Madrid.

Cestería y fibras vegetales: Antes de que el hombre aprendiera a *modelar* el barro es seguro que empleaba los canastos hechos con fibras vegetales, como caña, esparto, mimbre. También tenemos que hablar de los talleres de **vidriería** artística y de las piezas decorativas hechas en alabastro y mármol. Igualmente la la-

dar forma

reducida

bor de **cerería**, encuadernación en piel, reproducciones en *pequeña escala* de navíos, los juguetes y muñecas.

de cuerda

Pero antes de abandonar esta pequeña muestra de la artesanía española tenemos que destacar que España sigue manteniendo su tradicional producción de **guitarras** y otros instrumentos *cordófonos*.

EJERCICIOS

- Comente con sus compañeros acerca de las obras de artesanía que produce España y elija los objetos de recuerdo que se llevaría a su casa.

- Elija cinco de las especialidades artesanales y describa los lugares de una casa en donde los pondría. (Redacción por escrito.)

7.2. Gastronomía

Es el arte de preparar una buena comida. La cocina regional española es de las más completas y ricas.

Los árabes introdujeron en nuestra tradición *culinaria* el arte de sus sabores y olores. El típico agridulce de muchas de nuestras comidas proviene de la cidra, el limón y el naranjo.

relativo a la cocina

También introdujeron un *condimento* indispensable para cualquier cocina que se precie: las **especias** (azafrán, nuez moscada, pimienta negra). En el último tercio del siglo XV, el primer libro de cocina, "El Llibre de Coch", escrito en catalán por el español Rubert, fue mandado traducir por Carlos V.

lo que sirve para dar sabor a la comida

El descubrimiento y conquista de las tierras americanas llegaron a *dotar* de elementos de riqueza *inigualable* a nuestra cocina. Por mencionar algunos de los **platos** más representativos:

dar
que no tiene igual

De la cocina gallega tenemos el caldo gallego, las empanadas y los *mariscos*. Así como los dulces típicos: roscas, tortas. Y los quesos.

animal marino comestible

De la cocina asturiana, la *fabada,* callos y caldereta. Merluza a la sidra y los quesos fuertes, como el de Cabrales.

guiso con judías

De la cocina de Castilla la Vieja, las truchas de Sanabria, arroz a la zamorana, bacalao, el puchero castellano. Y de dulces las yemas de Ávila, mantecadas de Astorga.

De la cocina vasca, especialmente los pescados, como el bacalao a la vizcaína, las angulas.

De la cocina aragonesa, el pollo a la chilindrón, *costillas* de cordero y sus buenísimas frutas.

huesos del tórax

De la cocina catalana, las escudellas, el al-i-oli y platos de caza *aderezados* de forma exquisita.

preparadas, guisadas

De la valenciana, en primer lugar, la *universal* paella, la tortilla de habas.

muy conocida

De la murciana, sus famosas tortillas de tomates y pimientos, los potajes y el gazpacho murciano.

plato hecho con el estó-
mago de vaca o ternera

De la cocina madrileña hay que resaltar el cocido madrileño, los *callos*, las rosquillas y las tortas.

De la extremeña son especialmente famosos sus chorizos y jamones, el cochifrito y el gazpacho.

De la cocina andaluza, las sopas de pescado, el gazpacho, los pescaditos fritos y los dulces de miel y almendra.

De la cocina balear, la salsa mahonesa, las sopas, embutidos y quesos.

De la cocina canaria, el cocido canario, los potajes y las salsas para acompañar al pescado.

EJERCICIO

- De todos estos platos típicos elija varios que puedan servir de primer plato, varios que sirvan de segundo plato. Algunos de postre y otros de aperitivo. Prepare distintos menús con ellos y discuta las posibilidades de unos y otros para una fiesta que piensa dar.

7.3. Espectáculos y deportes

En el apartado de diversiones tenemos que hablar de los distintos **deportes** que se pueden practicar o presenciar: **caza, pesca,** carreras de caballos, **montañismo,** deportes náuticos, esquí, golf, tenis. Pero el deporte que se practica y se presencia con más *apasionamiento* es el fútbol.

causa o excita pasión

Ahora bien, el espectáculo nacional por excelencia es la **corrida de toros.** El toreo, como deporte o como arte, corresponde desde sus inicios al pueblo ibero. Si bien, en un principio, la práctica de toreo se debía a la necesidad de defenderse de la fiereza de los *astados,* luego pasó a ser un deporte o entretenimiento de nobles, y posteriormente, una profesión popular. A partir del siglo XIII, el toreo empieza a cobrar *perfiles* de **fiesta.** El toro consistía en "alancear", es decir, matar con lanza desde un caballo. Más adelante, en el siglo XVI, el "alanceo" se transforma en "rejoneo", suerte por la que el caballero clava el *rejón* en el toro.

provisto de cuernos

aspecto, calidad

barra de hierro que remata en punta

Posteriormente, los nobles dejan de practicar este deporte y es el pueblo quien empieza a torear, convirtiéndose en un **espectáculo.** El toreo a pie sustituye al toreo a caballo y surgen los toreros *"espadas",* cuya gloria y popularidad han sido y son motivo de discusión u homenaje.

los toreros

EJERCICIOS

- **DEBATE: Sobre la Fiesta de los Toros.**

- **Composición oral o escrita sobre los deportes que prefiere practicar y los que prefiere presenciar.**

7.4. Diversiones

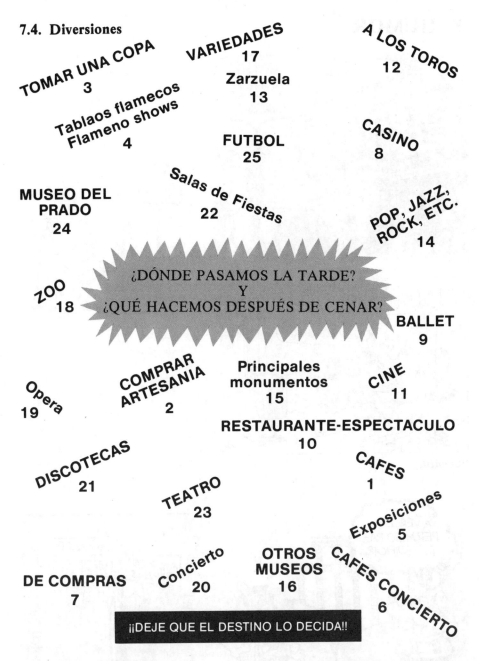

TOMAR UNA COPA
3

VARIEDADES
17

Zarzuela
13

A LOS TOROS
12

Tablaos flamecos
Flameno shows
4

FUTBOL
25

CASINO
8

MUSEO DEL PRADO
24

Salas de Fiestas
22

POP, JAZZ, ROCK, ETC.
14

ZOO
18

¿DÓNDE PASAMOS LA TARDE?
Y
¿QUÉ HACEMOS DESPUÉS DE CENAR?

BALLET
9

Opera
19

COMPRAR ARTESANIA
2

Principales monumentos
15

CINE
11

RESTAURANTE-ESPECTACULO
10

DISCOTECAS
21

TEATRO
23

CAFES
1

Exposiciones
5

DE COMPRAS
7

Concierto
20

OTROS MUSEOS
16

CAFES CONCIERTO
6

¡¡DEJE QUE EL DESTINO LO DECIDA!!

JUEGO: Por parejas. Cada jugador forma una cifra compuesta por el número, por orden, de tres diversiones que ha elegido. El otro jugador tiene que adivinarlo. Por ejemplo: 19-1-6, será ópera-cafés-cafés concierto. Si a la séptima jugada no lo ha adivinado ha perdido.

8. HUMOR

QUESADA

1.801. QUIQUE

118

QUESADA

CHE FERNANDO

PABLO NUÑEZ

Sin palabras

(Almanaque Agromán)

EJERCICIOS

- **Los alumnos explican las referencias históricas o geográficas que les sugieran algunos de los chistes.**

- **Los alumnos puede escribir el pie de estos chistes sin palabras.**

- **Los alumnos pueden narrar o inventar alguna anécdota sobre estos chistes.**

III GLOSARIO/GLOSSARY GLOSSAIRE/GLOSSAR

Español	Inglés	Francés	Alemán
A			
Aduana	Customs	Douane	Zollamt
Aeropuerto	Airport	Aèroport	Flughafen
Agencia de Información Turística	Tourist Information Agency	Agence d'Information turistique	Touristenbüro
Agencias de Viajes	Travel Agency	Agence de voyages	Reisebüros
Agente de viajes	Travel agent	Agent de tourisme	Fremdenverkehrsfachmann
Agua caliente/fría	Hot/cold Water	Chaud/froid eau	Warm/kalt Wasser
Aire acondicionado	Air conditioning	Climatisation	Klimaanlage
Albergue	Guest House, inn	Auberge	Gasthaus, Gasthof
Albergue de juventud	Youth hostel	Auberge de jeunesse	Jugendherberge
Alfombra	Carpet	Tapis	Teppich
Alfarería	Pottery	Poterie	Töpferwaren
Alojamiento	Accomodation	Logement	Unterkunft
Almuerzo	Lunch	Déjeuner	Frühstück, Mittagessen
Alpinismo	Mountaineering	Alpinisme	Bergsport
Alquiler (vehículos)	Rent-a-car	Location	Autoverleih
Alteración	Alteration	Altération	Veränderung
Andén	Platform	Quai	Bahnsteig
Animador turístico	Tourist entertainer	Animateur touristique	Animateur
Anulación	Cancellation	Annulation	Annullierung
Aparcamiento	Car park	Parcage	Parkplatz
Apartamento	Flat	Appartement	Appartement
Aplazar	Postpone, defer	Ajourner	Verschieben
Arte	Art	Art	Kunst
Artesanía	Handicraft	Artisanat	Volkskunst, Handwerk
Asistencia	Reception service	Assistance	Kundenbienst, Beratung
Asistencia sanitaria de urgencia	Urgent sanitary aid	Soins d'urgence	Medizinischer Notdienst
Atlas	Atlas	Atlas	Atlas
Autocar	Motor coach, intercity bus	Autocar	Pullmanbus, Bus
Avería	Breakdown	Panne	Panne, Havarie

Español	Inglés	Francés	Alemán
Aviación civil	Civil aviation	Aviation civile	Zivilluftfahrt
Avión	Airplane	Avion	Flugzeug
Azafata	Air hostess	Hotesse	Stewardess

B

Español	Inglés	Francés	Alemán
Balanza de pagos	Balance of payments	Balance des paiements	Zahlungsbilanz
Balneario	Spa	Station thermale	Thermalbad, Heilbad
Con/sin baño	With/without bath	Avec/sans bain	Mit/ohne Bad
Billete	Ticket	Billet	Fahrkarte, Fahrschein
Sencillo	Single	D'aller	Einzelfahrschein
Ida y vuelta	Return	D'aller et retour	Rückfahrschein
Bolera	Bowling	Bowling	Bowling
Bonificación	Bonus, allowance	Bon	Rabatt
Bono	Voucher	Voucher	Gutschein
Bordado	Embroidery	Broderie	Stickerei
(A) bordo	On board	À bord	An Bord
Buque	Boat	Bateau	Schiff
Buzón de ideas	Suggestion box	Boite de propositions	Briefkasten für neue Ideen

C

Español	Inglés	Francés	Alemán
Calefacción	Heating	Chauffage	Heizung
Calle	Street	Rue	Strasse
Cama	Bed	Lit	Bett
Cámara (pasajeros)	Cabin	Cabine	Kabine
Cambio (divisas)	Exchange	Change	Geldwechsel
Campamento	Camp, camping site	Camp	Campingplatz
Campeonato Mundial de Fútbol	World Football Championship	Championat Mondial de Football	Fussballweltmeisterschaft
Cancelación	Cancellation	Annulation	Streichung, Annullierung
Capital	Capital	Capital	Kapital
Carga	Loading, cargo	Charge	Last, Frachtgut
Carretera	Road	Route	Landstrasse
Cartel	Placard	Affiche	Plakat
Castillo	Castle	Chateau	Schloss
Catedral	Cathedral	Cathédrale	Dom, Kirche
Categoría	Class	Classe	Kategorie
Caza	Hunting	Chasse	Jagd
Cena	Dinner	Diner	Abendessen
Cerería	Chandlery	Cirier	Wachszieherei
Cerámica	Ceramics	Céramique	Keramik
Cercanía (tren)	Suburban train	Train de banlieu	Nahverkehrszug

Español	Inglés	Francés	Alemán
Cestería	Basketwork	Vannerie	Korbwaren, Korbflechterei
Cine	Cinema	Cinéma	Kino
Cinturón de seguridad	Seat belt	Ceinture de securité	Sicherheitsgurt
Cintas magnetofónicas	Tapes	Bande magnétique	Tonbänder
Circuitos	Roun trip, circular tours	Circuit touristique	Rundreise, Rundfahrt
Ciudad de vacaciones	Holiday village	Village de vacances	Feriendorf, Ferienlager
Clase turista/económica	Tourist class	Classe touriste	Touristenklasse
Cliente	Client	Client	Kunde
Clima	Climate	Climat	Klima
Coche cama	Sleeping car	Wagon-lits	Schlafwagen
Colectivamente	Collectively	Collectif	Gemeinschaftlich
Comercialización	Marketing	Marketing	Vermarktung, Marketing
Comida	Food, luch, dinner	Repas, dejeuner	Essen
Comisaría	Commissariat	Commissariat	Kommissariat
Comisión	Commission	Commission	Ausschuss
Comunicación	Communication	Communication	Mitteilung
Compañía aérea	Air company	Compagnie aeriènne	Fluggesellschaft
Condiciones generales	General conditions	Conditions générales	Allgemeine Bedingungen
Con/sin conductor	With/without driver	Avec/sans conducteur	Mit/ohne Fahrer
Congresista	Congress member, delegate	Congressiste	Kongressteilnehmer
Congreso	Congress	Congrès	Kongress, Tagung
Consigna	Leftluggage office	Consigne de bagages	Gepäckaufbewahrung
Contratación	Hiring, booking	Engagement	Vertragsabschluss
Contrato de pasaje	Pasenger contract	Contrat de passage	Reisevertrag
Conserje	Hall porte, head porter	Concierge	Hotelportier
Convención	Convention	Convention	Abkommen, Konvention
Convento	Convent	Couvent	Kloster
Correo	Courier	Courrier	Reiseleiter
Correos	Post, mail	Poste, bureau de la poste	Post
Corresponsal	Correspondent	Correspondant	Geschäftspartner
Corrida de toros	Bullfight	Course de aureaux	Stierkampf
Coyuntura	Occasion	Conjoncture	Konjuktur, günstige Gelegenheit
Crucero	Cruise	Croisiére	Kreuzfahrt
Cuenta	Account, bill	Compte	Konto
Cuota	Quota, fee	Cotisation, frais	Gebühr, Quote
Cupón	Coupon	Bons	Flugschein, Kupon
Charter	Charter	Charter	Charter

Español	Inglés	Francés	Alemán

D

Español	Inglés	Francés	Alemán
Damasquinado	Damascene	Damasquinage	Toledoarbeit
Déficit	Deficit	Déficit	Defizit
Delegación	Delegation	Délégation	Stelle, Amt
Deporte	Sport	Sport	Sport
Desayuno	Breakfast	Petit déjeuner	Frühstück
Descuento	Discount	Escompte	Rabatt
Despacho	Office	Bureau	Büro
Dietas	Allowance	Honoraires	Tagegeld, Diäten (pl.)
Dirección general	Executive direction	Direction général	Generaldirektion
Discoteca	Disco	Discothèque	Diskothek
Divisas	Foreign currency	Devises	Devisen (pl.)
Documentación	Documents	Documents	Dokumente
Doméstico (vuelo)	Domesticc	Domestique	Inlandsflug

E

Español	Inglés	Francés	Alemán
Embarque	Embarkment	Embarquement	Einschiffung
Empresa turística	Tourist company	Société touristique	Fremdenverkehrsbetrieb
Encuesta	Opinion poll	Enquète	Untersuchung, Umfrage
Entrada	Ticket	Billet	Eintrittskarte
Equipaje	Luggage, bagage	Bagage	Gepäck
Equipo hotelero	Hotel availability	Equipement hôtelier	Hotelbestand
Equitación	Horseriding	Equitation	Reiten, Reitsport
Escala	Port of call	Escale	Anlaufhafen, Zwischenlandeplatz
Escuela Oficial de Turismo	Offical Tourism School	Ecole Officielle de Tourisme	Staatliche Fremdenverkehrsschule
Espada	Sword	Epée	Degen
Especie	Spice	Epice	Gewürz
Espectáculos	Enterntainments	Spectacles	Öffentliche Vergnügungsstätten
Estación de altura	Winter sport resort	Station de sports d'hiver	Wintersportplatz
Estación termal (ver balneario)			
Estación de ferrocarril	Railway station	Gare de chemin de fer	Bahnhof
Estancia	Overnight stay	Nuitée	Übernachtung, Aufenthalt
Estanco	Tobacconist's	Bureau de tabac	Tabakladen
Estatuto	Statute	Statut	Statut
Excursión	Excursion	Excursion	Ausflug
Expedir	Send, issue	Expedier, delivrer	Versenden

Español	Inglés	Francés	Alemán
Exposición	Exhibition	Exposition	Ausstellung
Expotur	Expotur	Expotur	Expotur
Extras	Extras	Suppléments	Extras

—— F ——

Español	Inglés	Francés	Alemán
Facturar	Check-in	Enregistrer	(Gepäck) aufgeben
Facultativa	Optional	Facultatif	Fakultativ, wahlfrei
Feria	Fair	Foire	Messe
Ferrocarril	Railway	Chemin de fer	Eisenbahn
Fianza	Deposit	Arrhes	Anzahlung, kaution
Fiesta	Feast	Fête	Fest
Filigrana	Fligree	Filigrane	Filigranarbeit
Flete	Freight	Frêt	Fracht
Folleto	Brochure	Brichure	Broschüre
Fomento	Promotion	Promotion	Fôrderung
Fonda	Buffet	Buffet	Gasthaus
(A) forfait	Inclusive travel, all-in travel	A forfaire	Pauschalreise
Foto	Photograph	Foto, Photographie	Photographie
Franquicia	Exemption	Franchise	Freigepäck
Furgoneta	Van	Furgonnette	Güterwagen

—— G ——

Español	Inglés	Francés	Alemán
Gastos	Expenditure	Depense, frais	Ausgaben
Gastos de gestión	Steps expenses	Frais de démarche	Bearbeitungsgebühr
Gastronomía	Gastronomy	Gastronomie	Gastronomie
Gerencia	Management	Gérance	Geschäftsführung
Gobernanta de piso	Gouvernante	Gouvernante	Etagendame
Gratuidad	Free	Séjour gratuit	Freieinheit
Grupo	Group	Groupe	Gruppe
Guía	Guide	Guide	Fremdenführer
Guía	Travel guide	Guide	Reiseführer
Guía-intérprete	Interpreter	Interpréte	Dolmetscher
Guía de montaña	Mountain guide	Guide de montagne	Bergführer
Guitarra	Guitar	Guitare	Gitarre

—— H ——

Español	Inglés	Francés	Alemán
Habitación individual	Single room	Chambre â un lit	Einzelzimmer
Habitación doble	Double room	Chambre double	Doppelzimmer
Hamaca	Hammock	Hamac	Liegestuhl

Español	Inglés	Francés	Alemán
Horario	Timetable	Horaire	Fahrplan
Hostelería	Hotel trade	Hôtellerie	Hotelgewerbe
Hostería	Inn, hostelry	Hosterrerie	Gasthaus
Honorarios (ver dietas)			
Hotel	Hotel	Hôtel	Hotel
Hotel de temporada	Seasonal hotel	Hôtel saisonnier	Saisonhotel

—— I ——

Español	Inglés	Francés	Alemán
Idioma	Language	Langue	Sprache
Imagen	Image	Image	Bild
Impuesto	Tax	Taxe	Gebühr, Abgabe
Inclusive Tour	I.T.	Inclusive Tour	Inclusive Tour
Indemnización	Indemnification	Indemnisation	Schadenersatz
Información	Information	Information	Auskunft
Ingreso	Income	Revenu	Einnahmen
Inscripción	Registration	Inscription	Einschreibung
Instalaciones	Facilities, equipment	Installations	Einrichtungen
Intérprete	Interpreter	Interprete	Dolmetscher
Invierno	Winter	Hiver	Winter
Invalidez	Invalidity	Invalidité	Invalidität, Erwerbsunfähigkeit
Inversión	Investment	Investissement	Investition
Isla	Island	Ile	Insel
Itinerario	Itinerary	Itinéraire	Reiseplan, Reiseroute

—— J ——

Español	Inglés	Francés	Alemán
Jefe de grupo	Tour leader	Tour leader	Reisegruppenleiter
Lavado y planchado de ropa	Washing/ironing	Lavage/reapassage	Wachen und Bügeln der Wäsche

—— L ——

Español	Inglés	Francés	Alemán
Libro de reclamaciones	Complaints book	Livre de reclamations	Beschwerdebuch
Línea aérea	Airline	Airline	Fluglinie
Litera	Couchette	Couchette	Liegewagenplatz
Llegada	Arrival	Arrivée	Ankunft, Einreise

—— M ——

Español	Inglés	Francés	Alemán
Madera	Wood	Bois	Holz
Maitre	Head waiter, maitre	Maître	Oberkellner

Español	Inglés	Francés	Alemán
Maletero	Porter	Bagagiste	Gepäckträger
Mapa	Map	Carte	Landkarte
Memoria anual	Annual report	Rapport, memoire	Jahresbericht
Mensaje	Message	Message	Nachricht
Menú	Menu	Menu	Menü
Mezquita	Mosque	Mosquée	Moschee
Miembro de honor	Memberof honour	Membre d'honneur	Ehrenmitglied
Ministerio de Transportes, Turismo y Comunicaciones	Ministry of Transport, Tourism and Communications	Ministére de P.T.T.	Ministerium für Verkehrswesen
Monasterio	Monastery	Monatére	(Mönchs) Kloster
Monitor de esquí	Skiing monitor	Moniteur	Skilehrer
Montaña	Mountain	Montagne	Berg, Gebirge
Montañismo	Mountaineering	Montagne	Bergsport
Mostrador de Facturación	Check-in	Check-in	Schalter, Check-in
Motel	Motel	Motel	Motel
Museo	Museum	Musée	Museum

O

Español	Inglés	Francés	Alemán
Ocupante	Occupant	Occupant	Fahrgast
Oficina de Información de Turismo	Tourist Information Office	Bureau de Renseignements de Tourisme	Verkehrsbüro, Informationsbüro
Oficina de objetos perdidos	Lost property office	Bureau des objets trouvés	Fundbüro
Opcional	Optional	Optionnel	Nach freier Wahl
Orfebrería	Goldsmithery	Orfévrerie	Goldschmiedearbeit
Organismo	Organism	Organisme	Verband
Organización Mundial de Turismo	World Tourism Organization	Organisation Mondiale de Tourism	Weltorganisation für Tourismus
Organizador	Organizer	Organisateur	Veranstalter, Organisator

P

Español	Inglés	Francés	Alemán
Paisaje	Landscape	Paysage	Landschaft
Palacio	Palace	Palais	Palast, Schloss
Parada	Stop	Arret	Haltestelle, Aufenthalt
Parador	Guest house	Auberge	Staatliches Touristenhotel
Parque	Park	Parc	Park
Pasaje	Passaje	Passage	Passage, Fahrkarte
Pasajero	Passenger	Passager	Passagier
Pasaporte	Passport	Passeport	Pass

Español	Inglés	Francés	Alemán
Paso a nivel	Level crossing	Passage a niveau	Bahnübergang
Patronato	Board, patronage	Patronat	Patronat
Pax	Pax	Pax	Pax
Peluquería	Hairdresser's	Salon de coiffure	Friseursalon
Pernoctación	Overnight stay	Nuitée	Übernachtung
Pesca	Fishing	Pèche	Fischfang
Piel	Leather	Cuir	Leder
Piscina	Swimming pool	Piscine	Schwimmbad
Pista de patinaje	Skating rink, ice rink	Patinoire	Eisbahn
Planificación	Planning	Planification	Planung
Plato	Dish	Plat	Gericht
Playa	Beach	Plage	Badestrand
Plaza (reservada)	Reserved seat	Place reservée	Reservierter Platz
Póliza	Policy	Police	Police
Ponente	Rapporteur	Rapporteur	Berichterstatter, Referent
Porcentaje	Percentage	Pourcentage	Prozentsatz
Precio	Price	Prix	Preis
Prestaciones	Benefits	Prestations	Leistungen (Dienst)
Presupuesto	Budget	Budget	Kostenanschlag
Primera clase	First class	Première class	Erster Klasse
Producto	Product	Produit	Produkt
Programa	Program	Programme	Programm
Propaganda	Propaganda, publicity	Propagande	Werbung
Publicaciones	Publication	Publications	Publikationen
Puerta de embarque	Gate	Porte	Gate
Puesto fronterizo	Border	Frontiére	Grenzstation

—— R ——

Español	Inglés	Francés	Alemán
Radiales (excursiones)	Sightseeing	Excursions	Besichtigungsfahrten
Recepción	Reception	Réception	Empfang
Receptora (agencia)	Receiving	Receveuse	Annahmestelle
Recuerdo	Souvenir	Souvenir	Andenken
Reembolso	Reimbursement	Remboursement	Rückzahlung, Rückerstattung
Refrigerio	Snack, refreshing	Refraîchissement	Erfrischung, Imbiss
Refugio	Week-end cottage, refuge	Chalet de montagne, refuge	Wochenendhaus, Berghütte
Relaciones Públicas	Public Relations	Service de relations publiques	Public-Relations-Abteilung
Remolque	Caravan	Caravane	Caravan
Reserva	Booking, seat reservation	Location, reservation	Buchung, Bestellung Reservierung
Residencia	Residential hotel	Résidence	Hotel garni
Responsabilidades	Responsabilities	Responsablités	Haftung
Revisor	Ticket inspector	Contrôleur	Kontrolleur

Español	Inglés	Francés	Alemán
Ropa de cama y mesa	Bed linen, tablecloths	Linge de maison	Bett- und Tischwäsche
Rueda de prensa	Press conference	Conférence de presse	Pressekonferenz
Ruta	Route, itinerary	Route, itinéraire	Route

—— S ——

Sala de espera	Waiting room	Salle d'attente	Wartesaal
Sala de fiestas	Night club	Boîte de nuit	Nachtlokal
Salida	Departure, way out	Sortie	Abfahrt, Abreise
Secretaría General de Turismo	General Secretary of Tourism	Secretariat General de Tourisme	Fremdenverkehrsdirektion
Sede	Site, headquarters	Siége	Sitz
Servicio de Interpretación	Interpretation Service	Service de Interpretation	Dolmetscherdienst
Servicio de Secretarias	Service of Secretaries pool	Service de Secrétaires	Schreibbüro
Servicio de Traducción	Translation Service	Service de Traduction	Übersetzungsbüro
Sierra	Mountain range	Montagne	Gebirge
Seguro turístico	Tourist insurance	Assurance touristique	Reiseversicherung
Sociedad mercantil	Trading company	Société mercantile	Handelsgesellschaft
Stand	Stand	Stand	Stand
Sucursal	Branch	Succursale	Zweigstelle, Filiale
Suplemento	Supplement additional/extra fee	Supplément	Zuschlag

—— T ——

Tapiz	Tapestry	Tapisserie	Wandteppich
Tarifa	Tariff	Tarif	Tarif
Tarjeta de embarque	Boarding card	Carte d'embarquement	Bordkarte, Einschiffungskarte
Tasa	Tax	Taxe	Gebühr, Abgabe
Tasa de aeropuerto	Airport tax	Taxe d'aeroport	Flughafengebühr
Teatro	Theatre	Théàtre	Theater
Técnico de Turismo (ver agente de)			
Terminal	Terminus	Terminus	Flugterminal
Tienda de campaña	Tent	Tente	Zelt
Tienda libre de impuestos	Free tax shop	Free tax	Duty-free shop

Español	Inglés	Francés	Alemán
Tipo de cambio	Rate of exchange	Cours de change	Wechselkurs
Título (licencia)	Licence	Licence	Lizenz
Toldo	Sunshade	Parasol	Sonnendach
Tour	Tour	Tour	Tour
Tour-operador	Tour operator	Tour opérateur	Reiseveranstalter
Tracción	Drive	Traction	Antrieb
Traducción	Translation	Traduction	Übersetzung
Tráfico	Traffic	Trafic	Verkehr
Transcripción	Transcription	Transcription	Abschrift
Tránsito (en)	Transit	Transit	Durchreise
Transporte	Transport	Transport	Beförderung
Transporte ferroviario	Railway transport	Transport par chemin de fer	Eisenbahnverkehr
Traslado	Shipping	Maritime	Seeverkehr, Schiffsverkehr
Trayecto	Fare	Parcours, trayect	Überfahrt
Tripulación	Crew	Equipage	Besatzung, Mannschaft
Turismo	Tourism	Tourisme	Fremdenverkehr, Tourismus
Turista	Tourist	Touriste	Tourist

—— V ——

Español	Inglés	Francés	Alemán
Vagón	Railway coach, carriage	Wagon, voiture	Eisenbahnwagen, Waggon
Validez	Validity	Validité	Gültigkeit
Valle	Valley	Vallée	Tal
Ventanilla	Window	Guichet	Schalter
Verano	Summer	Eté	Sommer
Vestíbulo	Hall	Vestibule	Vorhalle
Vía	Platform	Voie	Gleis
Viaje	Travel, voyage, journey	Voyage	Reise
Viajero	Traveller	Voyageur	Reisender, Fahrgast
Viajes de incentivo	Incentivo travel	Voyage d'incentive	Billigreisen, Sonderreisen
Vidriería	Glaswork	Art du vitrail	Glasbläserei
Vino	Wine	Vin	Wein
Visado	Visa	Visa	Visum
Visita	Sightseeing, conducted tour	Tour de ville, visite guidée	Stadtrundfahrt
Vuelo	Flight	Vol	Flug

IV SIGLAS Y ABREVIATURAS

AEA	— Asociación de Compañías Aéreas Europeas.
AECC	— Asociación Española de Camping y Caravana.
AEDAVE	— Asociación Empresarial de Agencias de Viajes Españolas.
AERO CHACO	— Líneas Aéreas Chaqueñas (Argentina).
AERO MEXICO	— Aeronaves de México.
AETO	— Asociación Española de Tour Operadores.
AGC	— Affinity Group Charter.
AHE	— Agrupación Hotelera Española.
AIITC	— International Association of Conference Interpreters and Translators.
AIPEC	— Asociación Internacional de Palacios de Congresos y Exposiciones.
AMFORT	— Asociación Mundial para la Formación Profesional Turística.
ANC	— Albergue Nacional Colaborador.
APSA	— Aerolíneas Peruanas, S. A.
ATESA	— Autotransporte Turístico Español, S. A.
AVIACO	— Aviación y Comercio (España).
AVIANCA	— Aerovías Nacionales de Colombia.
BOE	— Boletín Oficial del Estado.
CAMPSA	— Compañía Arrendataria del Monopolio de Petróleos.
CAUSA	— Compañía Aeronáutica Uruguaya.
CIT	— Centros de Iniciativas de Turismo.
CMT	— Conferencia Mundial de Turismo.
COTAL	— Confederación de Organizaciones Turísticas de América Latina.
CUBANA	— Compañía Consolidada Cubana de Aviación.
ENT	— Empresa Nacional de Turismo.
EOT	— Escuela Oficial de Turismo.
ENTURSA	— Empresa Nacional de Turismo, S. A.
EurailPass	— Billete Turístico de los Ferrocarriles Europeos.
FEVE	— Ferrocarriles de Vía Estrecha.
GIT	— Group Inclusive Tour.
IATA	— International Air Transport Association.
IBERIA	— Líneas Aéreas de España.
IIT	— Individual Inclusive Tour.
IT	— Inclusive Tour.
ITC	— Inclusive Tour Charter.
LAN	— Líneas Aéreas de Chile.
LANICA	— Líneas Aéreas de Nicaragua.
LAP	— Líneas Aéreas Paraguayas.
LCT	— Hora Local (Local Civil Time).
MIT	— Ministerio de Información y Turismo.
OA	— Organismo Autónomo.

OM	—	Orden Ministerial.
OMT	—	Organización Mundial de Turismo.
OTA	—	Operadores Turísticos Asociados (Madrid).
PLUNA	—	Primeras Líneas Uruguayas de Navegación Aérea.
PNC	—	Parador Nacional Colaborador.
PR	—	Relaciones Públicas (PP.RR.).
RENFE	—	Red Nacional de Ferrocarriles Españoles.
SIT	—	Sindicato de Iniciativas Turísticas.
ST	—	Hora de Uso (Standard Time).
TAC	—	TACA International Airlines (El Salvador).
TO	—	Tour Operator.
UIOOT	—	Unión Internacional de Organismos Oficiales de Turismo.
VIASA	—	Venezolana Internacional de Aviación (Venezuela).
VIP	—	Very Important Passenger (Líneas Aéreas)
VIP	—	Very Important Person.
WL	—	Wagons Lits.
WLC	—	Wagons Lits Cook.

ÍNDICE